Peter Schild

Brienzer Mundart

Erster Teil

Peter Schild

Brienzer Mundart
Erster Teil

ISBN/EAN: 9783744605427

Hergestellt in Europa, USA, Kanada, Australien, Japan

Cover: Foto ©Thomas Meinert / pixelio.de

Weitere Bücher finden Sie auf **www.hansebooks.com**

Brienzer Mundart.

I. Teil.

Die allgemeinen Lautgesetze und Vokalismus.

Inaugural-Dissertation

zur

Erlangung der philosophischen Doktorwürde

an der

Universität Göttingen

von

Peter Schild.

Basel.
Sallmann und Bonacker.
1891.

Seinem hochverehrten Lehrer

Herrn

Prof. Dr. Moritz Heyne

in dankbarer Hochachtung

zugeeignet.

Verzeichnis von Abkürzungen.

B = Mundart v. Brienz.

Behaghel Grundriss = Behaghel, Geschichte der deutschen Sprache in: Grundriss der germ. Philologie hg. v. H. Paul. Strassburg. 1889 ff.

Beiträge = Beiträge zur Geschichte der deutschen Sprache und Literatur hg. v. H. Paul und W. Braune.

Bühler W D = Davos in seinem Walserdialekt. Heidelberg 1870.

Braune ahd. G. = Althochdeutsche Grammatik v. W. Braune. Halle 1886.

Fontes = Fontes rerum bernensium. Bern 1877 ff.

Frommann = Die deutschen Mundarten hg. v. Karl Frommann. Halle.

Germania = Germania hg. jetzt v. O. Behaghel.

Graff = Althochdeutscher Sprachschatz von Graff. Berlin 1834—1842.

Grimm D. W. = Deutsches Wörterbuch von den Gebrüder Grimm.

Heusler al. K. = Der alemannische Konsonantismus in der Mundart von Basel-Stadt von A. Heusler. Strassburg 1888.

Hunziker = Aargauer Wörterbuch in der Lautform der Leerauer Mundart v. J. Hunziker. Aarau 1877.

I = Mundart von Interlaken.

Id = Schweizerisches Idiotikon. Frauenfeld 1881 ff.

K = Die Mundart von Kerenzen (Winteler).

Kauffmann = Geschichte der schwäbischen Mundart v. F. Kauffmann. Strassburg 1890.

Schade = Altdeutsches Wörterbuch von O. Schade. Halle 1872--82.

Schmeller = Bayerisches Wörterbuch, 2. Auflage von Frommann. München 1869—1878.

Seiler = Die Basler Mundart. Ein grammatisch-lexikalischer Beitrag zum schweizerischen Idiotikon von G. A. Seiler. Basel 1879.

Sievers = Grundzüge der Phonetik v. E. Sievers, 3. Auflage. Leipzig 1885.

Stalder = Versuch eines schweizerischen Idiotikons v. Stalder. Aarau 1812.

Stickelberger = Lautlehre der lebenden Mundart der Stadt Schaffhausen. Aarau 1881 (Vokalismus). Konsonantismus (Beiträge XIV. 381 ff.).

Tobler = Appenzellischer Sprachschatz v. Titus Tobler. Zürich 1837.

Trautmann = Die Sprachlaute v. M. Trautmann. Leipzig 1886.

T = Die Mundart des Toggenburg (Winteler).

Vietor = Elemente der Phonetik v. W. Vietor. Heilbronn 1887.

Weinhold al. G. = Alemannische Grammatik v. Weinhold. Berlin 1863.

— mhd. G = Mittelhochdeutsche Grammatik v. Weinhold. 2. Auflage. Paderborn 1883.

Winteler = Die Kerenzer Mundart des Kantons Glarus. Leipzig-Heidelberg 1876.

Zeitschrift f. d. A = Zeitschrift für deutsches Altertum hg. v. E. Steinmeyer.

Einleitung.

Das Dorf Brienz, dessen Mundart im Folgenden behandelt werden soll, liegt eingebettet zwischen der Rothorn- und Faulhornkette am rechten Ufer des Brienzersees, etwa eine Viertelstunde von der Einmündung der Aare entfernt, anf einem grossen Schuttkegel, welcher infolge der vielen Verheerungen des vom Rothorn herunter kommenden Trachtbaches gebildet worden ist. Unzählige, fürchterliche Katastrophen mögen über das Dorf hereingebrochen sein. Schwere Schicksalsjahre waren in diesem Jahrhundert 1824, wo ein grosser Teil des Dorfes überführt wurde, und 1870. Arg dürften auch die unheimlichen Dämone des Gebirges der Ortschaft mitgespielt haben zu der Zeit, als das Dorf Kienholz, lange Zeit der Tagsatzungsort der Berner und der Waldstätte, durch den Austritt der Lamm, eines östlich vom Rothorn entspringenden Wildbaches, verschüttet worden ist (Ende des 15. J. H.).

Der Name Brienz, der in der Mundart Briens lautet und den urkundlichen Zeugnissen zufolge (1146) auch früher so gesprochen wurde, klingt an Brianza (am Comersee), Bregenz, Briançon, Stadt und Festung im franz. Departement Oberalpen, an. Dem gleichen Namen Brienz begegnen wir ferner im Albulatal, östlich von Thusis. Diese Ortschaft ist jedoch nicht deutsch, sondern gehört dem romanischen Sprachgebiet an. Gewöhnlich wird der Name von mlt. brennitia, Gesträuch, abgeleitet. Doch stehen dieser Etymologie lautliche Schwierigkeiten im Wege. Mit Recht mag an keltische Herkunft gedacht werden. Dass für Thun, Stadt am Eingang des Berner Oberlandes (*Tūn* < urkelt. *dūnos*, vgl. Kluge, Grundriss für germ. Philologie I. S. 303) ein keltisches Etymon zu Grunde zu legen ist, dürfte als wahrscheinlich gelten. — Die Gegend rings um den See war einst von Romanen besetzt, das geht, abgesehen von den Funden, die gemacht wurden, aus vielen lokalen Eigennamen hervor: *Hindərlaχχän* (< Interlacus), volksetymologische Umdeutung, ähnlich wie *Hindərlappän*, *Isəltwāld*, worin das lat. insula steckt, *Gurgän*, eine Quelle, die oben am Brienzersee, südlich der Aaremündung hervorsprudelt (zu lat. gurges), *Mārgül*, eine Weide an den Vorterrassen des Faulhorns, auf zwei Seiten von Wald begrenzt (zu lat. margo), *Tšiṇṇəlfäld* (Fontes III. 142. 504) eine Alp, eingeschlossen auf drei Seiten von Bergrücken (zu lat. cingulum), Gumm, ein Berg oberhalb Brienzwyler, und Gummi, welcher Name an verschiedenen Orten wiederkehrt und gewöhnlich den Stellen gilt, die eine Einsattlung aufweisen (zu mlt. comba), Planalp, eine Alp südlich des Brienzerrothorns, *Plaṇṇəww* = Plangeww, eine Alp hinter dem Brienzergrat. In beiden Lokalnamen begegnet das lat. Adjektiv planus. Wie wir hier topographische Eigenheiten in romanischen Wörtern sich wiederspiegeln sehen, so finden wir in *Taṇṇəgrindäl* einen Rest uralten germanischen Sprachgutes. Die topographischen Verhältnisse sowie das Wort an sich führen auf das altgerm. grintel, grindel, Querriegel (vgl. Schade I. 352 Sp. 1). Auch in Grindelwald wird dieses Wort stecken.

Mit dem Sprachtypus der Ortschaft B. stimmen die Mundarten rings um den See: Ebligen, Ried, Ringgenberg, Iseltwald, Bönigen, Interlaken sowie Beatenberg am Thunersee, ferner Schwanden, Hofstetten, Brienzwyler und die des Haslitales im Grossen und Ganzen überein, obschon jede Ortschaft, namentlich in Bezug auf den chromatischen Accent, wieder hervorstechende individuelle Züge aufweist. Besonders ist auch die spezifische Stimmlage für einige Mundarten charakteristisch. Auffallend in dieser Hinsicht ist die heiser klingende Sprache der Hofstetter, die Stimmlage ist hoch, die der Ebliger tief, während die der Brienzer eine mittlere ist. Charakteristisch für Interlaken ist:

1. *kχ* gegenüber kh der Mundart B. bei den mhd. Lautfolgen ge + h.

2. Schwache Artikulation der Endungs-n, das in B. und im ganzen Haslital infolge des starken Nebentones der Endsilben, sowie der festeren Verschlussbildung wegen deutlich vernommen wird.

3. Die Zahl der auf dem Wege analogischer Übertragung entstandenen n ist in Interlaken nicht so häufig wie in B. So lauten die weiblichen Substantive der n-Dekl. auf a aus, während B. konsonantischen Ausgang zeigt. Einem brienzerischen *tsuŋŋän*, Zunge, *tų̄bän*, Taube, *tannän*, Tanne, *buəχän*, Buche, *lindän*, Linde, stellt I. *tsuŋŋa*, *tų̄ba*, *tanna*, *buəχa*, *linda* gegenüber. Es ist nicht wahrscheinlich, dass für I. der Typus B. einst gültig gewesen und dass dann nach Verstummen des n der verdünnte Vokal wieder den vollen a-Timbre angenommen habe. Entweder ist dieses a die Fortsetzung des ahd. kurzen a (vgl. Braune ahd. G. S. 165), und dann hat sich der Vokal nur unter dem Schutze eines angetretenen n, das dann später wieder verklungen ist, halten können, oder aber — und das scheint mir im Hinblick auf die Tatsache, dass

sich in der Mundart auslautendes langes a erhalten (vgl. § 122 a) das Wahrscheinlichste — es geht jenes a auf altes â zurück. Wir hätten es also mit einem Paradigma zungâ, zungûn etc. zu tun.

4. Bewahrung der gerundeten Vokale ö und ü.

5. Erhaltung der Kürze in Verbindungen: e (ö) + rr und o + r-Verbindungen, z. B. *werrən*, *törrən*, *horən* gegenüber *wērrän*, *tērrän*, *hōrän* der Mundart B. In Brienzwyler beginnt der Übergang des *ei* in *äi*, *ụ̈* in *ṻ*, eine Eigenhit des Haslitaler Dialektes, der den Übergang zum *ụ̈i* (ui) des Unterwaldner Idioms bildet, das zwar flexivisch weit von diesen Mundarten absteht. In der Wiedergabe der mhd. Diphthonge ou, uo als oi, io geht Grindelwald mit dem Haslital einig.

Die Frage nach der Herkunft der Oberländer hat die Volksseele von jeher eifrig beschäftigt. Der älteste schriftliche Beweis hiefür dürfte im „Herkommen der Schwyzer und Oberhasler" (vgl. Stretlingerchronik, hg. v. Bächtold) zu finden sein. Auch in der gegenwärtigen Zeit lässt sich der Volksmund gern über die Verwandtschaft der Oberländer mit fernen Völkern vernehmen. Die Oberhasler sehen als ihre Heimat die skandinavische Halbinsel an und machen sachliche Gründe für diese Ansicht geltend. Schweden, die das Land bereist haben, sollen erstaunt gewesen sein über die Tracht der Hasler Frauen, die in vielen Dingen an die nordische erinnere. Sodann wird gerne auf gewisse Geheimschlösser an Scheunen verwiesen, die ebenfalls im Norden in gleicher Weise anzutreffen seien. So der Volksmund im Haslital. Die Saaner leiten ihre Herkunft von den Friesen her und haben eine wundersame Sage geschaffen, die durch Romang in seinem Friesenweg einen hochpoetischen Ausdruck gefunden hat (vgl. Schwizerdütsch 12, 35). Aber nicht nur das Volk, auch mehrere Forscher, ausländische wie inländische, sind dieser Frage näher getreten. Die Ansicht einer direkten Einwanderung aus dem Norden dürfte indessen jetzt allgemein aufgegeben sein (vgl. Tobler, Ethnographische Gesichtspunkte der schweiz. Dialektforschung S. 11).

I. Allgemeiner Teil.

1. Artikulationsbasis.

§ 1. Die Mundart B. hat eine mittlere Artikulationsbasis (vgl. Sievers a. a. O. S. 20 ff., Vietor a. a. O. 192). Die Anspannung der Muskulatur der Sprechorgane ist eine ziemlich geringe. Es fehlen die gerundeten Vokale ö, ü, ferner die engen Laute ẹ, ẹ̄, ị, ọ, ọ̄, ụ vgl. § 43 ff.); ụ̄ und ị machen zwar den gleichen akustischen Effekt, wie die der Mundarten K T und Sippe, doch dürften sie in erwähnten Mundarten etwas enger gebildet sein und zwar ganz wie die französischen. Das ị in *ịsän*, Eisen, und in französisch brise sind akustisch absolut gleichwertig. Doch muss man bei der Bildung der französischen Laute i und u eine stärkere Inanspruchnahme der lautbildenden Faktoren annehmen. Die Unterschiede zwischen den entsprechenden Lauten sind aber so klein, dass sie vom Gehör nicht mehr unterschieden und eine Gleichsetzung nicht beanstandet werden kann. Die Lippen nehmen in der Mundart B. einen mässigen Anteil an der Lautbildung, während in gewissen ostschweizerischen Dialekten z. B. in der Appenzeller Mundart die Labialisirung eine energische ist.

§ 2. Auch die Konsonanten sind weniger straff artikulirt als in jenen Dialekten, ausgenommen die Spiranten *š und χ, welche im Gegensatz zu diesen Idiomen anlautend nur als Fortes vorkommen* und nur im Inlaut die Abstufung zwischen Lenis und Fortis aufweisen. Unser anlautendes *š* kann dem französischen ch gleichgestellt werden, obgleich für letzteres eine grössere Lippenbeteiligung anzunehmen ist (vgl. Beyer, Französische Phonetik S. 83, Trautmann a. a. O. S. 230, Storm, Englische Philologie S. 43).

Anmerkung. Der Einfachheit wegen werden *š* und χ, wenn im Anlaut stehend, nicht durch ein besonderes Zeichen als Fortes markirt. Für *šịbän* ist also *ššịbän*, für *χolän* *χχolän* zu lesen u. s. w.

2. Ein- und Absatz.

§ 3. B., wie viele Schweizer Mundarten, besitzt den leisen Vokaleinsatz, fester kommt nur ausnahmsweise, im Falle gesteigerten Affektes, vor. Das Gleiche gilt vom Vokalabsatz. Ebenso setzen die Konsonanten, insofern sie Lenes sind, schwach ein und ab. Feste Lauteinsätze begegnen in östlichen Mundarten, namentlich in der Appenzeller Mundart.

3. Der expiratorische (dynamische) Accent.

§ 4. Mit mehreren Oberländer Mundarten hat der Brienzer Dialekt eine ausgesprochene Neigung, die Endsilben mit einem starken Nebenton zu versehen, gemein. Diese energische Nebentonigkeit der Endsilbe ist wohl der Grund, warum das westgermanische Verschärfungsgesetz in der Mundart von so nachhaltiger Wirkung gewesen ist. Es kommen namentlich die Sonorlaute l, r, m, n hier in Betracht, die fast in allen Fällen geschärft sind, wo ihnen in der ältern Sprache ein verschärfend wirkender Konsonant nachfolgte. In dieser Hinsicht befindet sich die Mundart noch auf einem ursprünglicheren Standpunkt als das Mittelhochdeutsche. Man vergleiche *gwennän* mit mhd. gewenen (ahd. giwennan zu got. wanjan). Es begegnen auch Verschärfungen, denen einfache Konsonanz in der alten Sprache gegenüber steht, so in *šįnnän* (ahd. scînan), *šwįnnän* (ahd. swînan). Diese sind aus dem genannten Betonungsgesetz zu erklären.

Es mag im Hinblick auf diese Accentverhältnisse und die sie begleitenden Erscheinungen auf die französische Umgangssprache verwiesen werden, in welcher zuweilen der Sonorkonsonant eines Wortes verschärft wird, wenn die Stammsilbe, entgegen der usuellen Accentuation, den Hauptton und die Endsilbe starken Nebenton besitzt. So kann man beispielsweise in joli hin und wieder eine deutliche Fortis vernehmen.

§ 5. Ferner dürfte starkes Tongewicht der Endsilbe für die Erhaltung des auslautenden n verantwortlich gemacht werden.

§ 6. Silben, die durch zwei Expirationsstösse markirt werden, sogenannte zweigipflige, sind sehr häufig mit musikalischem Accent verbunden. Ganz auffällig sind in dieser Hinsicht die į und ų im Hiatus. So spricht man mit zwei deutlich hervortretenden Moren *šnĩjän*, schneien, ~ = zweigipfliger Accent, *tswĩjän*, (mhd. zwîen). In den angeführten Fällen ist der Sonant der Stammsilbe lang, und es fallen die beiden Gipfel auf den Sonanten selber, während in Wörtern mit altem û im Hiatus wie *buwwän* (mhd. bûwen), *truwwän* (mhd. trûwen), der zweite Gipfel in den ersten Komponenten der Geminata hineinreicht. Da das alte û einen Teil seiner Dauer an das folgende w abgegeben, so erscheint es in der Mundart kurz.

Ferner führe ich zweigipflige Exspiration an in *χăld* (mhd. kalt), *ălt* (mhd. alt), *wărm* etc., die jedoch nur bei modulatorischer Bewegung eintritt. In gewissen Fällen hat diese Betonung Svarabhaktientwicklung zur Folge gehabt, so in der Lautfolge voc + rn: *χŏrän*

(mhd. korn), *hörän* (mhd. horn), *fårän* (mhd. vërn) (vgl. Sievers a. a. O. S. 241). Beachtenswert ist die
<'<' <''>
Accentuation der Partikeln ja ha, ja, wo o, wohl, im
<'<'
Sinne von doch gebraucht, e e als Ausdruck des Erstaunens, der Verwunderung.

4. Der chromatische (musikalische) Accent.

§ 7. Die Stimmmodulation kommt in der Mundart B. in hohem Masse zur Verwendung. Sie gehört zu den sogenannten singenden Mundarten, die wir namentlich im Gebirge antreffen. Indessen bietet auch die Ebene Idiome mit markant modulatorischer Bewegung. So ist die Mundart der Ortschaft Schwadernau bei Aarberg als singendes Idiom bekannt. Es bevorzugt Bewegungen mit vielen auf einander folgenden halben Tonschritten, was ihm den Charakter des wehmütig Klagenden verleiht. Den modulatorischen Accent finden wir sowohl im Satz als in den einzelnen Satzgliedern. Anlässlich der Besprechung des emphatischen Accentes haben wir die Wörter *ja' ha'*, ja, *wo' 'o*, wohl, *e' e'*, ei, angeführt. Diese repräsentiren einmal den expiratorischen, sodann auch den musikalischen Accent (Silbenaccent). Wir haben bei beiden Partikeln zusammengesetzte Töne, und zwar besitzt die erste fallend steigenden Ton V, die zweite steigend fallenden Λ. Die erstere ist sogar einer weitern modulatorischen Entwicklung fähig. Es kann, um der Steigerung des Affektes lebhafte Färbung zu verleihen, auch der mehrfach zusammen gesetzte Ton statt haben. Man hört sehr oft *jaha* ΛΛ, wenn einer recht freundlichen, behaglichen Stimmung Ausdruck gegeben werden soll. Die gleiche Tongleitung begegnet in der Mundart Boltigen (Simmental) bei der freundlich zustimmenden Wendung *emәl dew wōl* ΛΛ .

§ 8. Um die Intonationsgesetze der Mundart erkennen zu können, müssen wir untersuchen, wie die Tonbewegung in der Aussage, im Befehle, im Ausruf (Wunsch) und in der Frage sich vollzieht. Die melodische Bewegung, sowie die Grösse der einzelnen Intervalle glaube ich so genau als möglich untersucht zu haben und gebe im Folgenden einige Beispiele in musikalischer Transskription.

1. Bei der Aussage gilt der fallende Ton als Regel.

ets miәssәm mәr den heiә gān. Jetzt müssen wir dann heimgehen.

Beim letzten Intervall ist der Oktavensprung sehr gewöhnlich.

miәr gäbin nịd. Wir geben nichts.

Wird in zornigem Tone gesprochen, so tritt am Ende des Satzes steigende Bewegung ein.

miәr gäbin nịd.

Zuweilen begegnet auch die Verbindung des steigenden und ebenen Tones, namentlich in Erzählsätzen.

är išt duә anha χon. Er ist dann herangekommen.

2. Die Befehlsätze stimmen mit den Aussagesätzen im Grossen und Ganzen überein. Bei freundlicher, zutraulicher Rede fällt der Ton gegen Ende des Satzes. Besitzt der Satz steigende Bewegung, so ist er barsch ermahnend, herrisch auffordernd. Hat jedoch der letzte Takt zwei Glieder, so tritt im 2. Glied auch Tonsenkung ein.

su χun! So komm!

oder

su χun!

gano furt! Geh fort! *blịb wäg!* Bleib weg! *blịb hobän!* Bleib hier oben! in streng befehlendem Ton oder , aber in zutraulicher Rede.

ets χun gad eis tsuəmmər anha !

Jetzt komme gerade einmal zu mir heran!

3. Bei den Ausrufungs- und Wunschsätzen sind auch verschiedene Variationen möglich. Sehr oft begegnet vom 2. letzten bis zum letzten Ton ein halber Tonschritt.

O wen ər ets gad da wän! Oh, wenn er jetzt gerade da wäre!

das ist abər šënn kşịn! Wie ist das doch schön gewesen! Wenn Furcht und Schrecken den

Sprechenden erfassen, so kann man mehrere halbe Tonschritte an einander gereiht vernehmen; doch sind bei solchen chromatischen Gängen die Intervalle auch kleiner als ein halber Ton. *phiətis got, das χund šwarts ubər ər Riədərgrad inha!* Behüt uns Gott, wie kommt schwarzes Gewölk über den Riedergrat herein !

4. Auch in der Frage begegnet bei freundlicher Rede fallender Ton. Soll Missstimmung, Ungeduld, Zorn ausgedrückt werden, so finden wir am Schluss Tonhebung. Der Ausgang ist also auch hier entscheidend für den Sinn des ganzen Satzes.

χüšt du o! Kommst du auch?

χüšt du mörän? Kommst du morgen?

weid ər o its χiənholts färän gən härdepfäl grabän? Wollt ihr auch ins Kienholz fahren, um Kartoffeln zu graben?

geišt du nä ël? Holst du Öl ?

Es tritt ferner steigende Bewegung vom ersten bis zum letzten Ton ein, wenn die Frage eine Verwunderung enthält. *wä rügnäts den əso grịsəlli tsum taχ inha?* Wo regnet es denn so fürchterlich zum Dach herein ?

Mit dem steigenden verbindet sich zuweilen der ebene Ton. *was maχχišt du da Pëtär* ? In diesem Falle wird die letzte Silbe gedehnt, doch nicht so sehr, wie in den obigen Beispielen, wo die Tonsenkung eine kleine Terz beträgt. Es kommen hier Vokallängungen vor, die wir bei der Aussage, dem Befehl und Wunsch nicht vorfinden.

weid iər o əs bad oder ?

„ „ „ „ *glas* „ ?

Der Anfang des ebenen Tones liegt auf *o*, auch. Erstreckt sich die Tonbewegung vom ersten bis zum letzten Intervall, so kommen diese Dehnungen nicht vor.

woltišt əs glas ? *maəəlišt əs glas* ?

Die kontinuirlich fallende Bewegung tritt auf, wenn auf die erste Frage keine verständliche Antwort erfolgt und man sich durch eine zweite Frage über den wahren Sachverhalt vergewissern will (vgl. den Befehlsatz). *wela išt dər meišt fon əχ?* Welcher ist der grösste von euch? ?

5. Bei der Doppelfrage hat das zweite Glied Tonhebung.

siəəid iər old siəəid iər nịd ?

geišt du hịt old mörän, oder morgen ?

mag i = darf ich, (vgl. englisch may I) *mid əχ χon old muəs i ta blịbän* ?

Das letzte Glied kann auch ebenen Ton aufweisen.

§ 9. Was den zusammengesetzten Satz anbetrifft, so tritt eine Differenzierung in der Tonbewegung ein, je nachdem wir parataktische oder hypotaktische Gefüge vor uns haben.

1. Die beiden Glieder der Parataxe zeigen den steigend fallenden Ton.

duə hed ər miər das firšproχχän /\ *und gid* (u kid) *märs* (*mərs*) /\. Dann hat er mir das versprochen und gibt es mir.

i mag nịmma. Ich bin nicht mehr gesund, *abər dər bruədər tuəd mər guəd undər gsën*, aber der Bruder wartet mir gut auf.

si heimər afən epis gälds kän, *hindəkügən abər wirdən i wol nịd als ubərχon*.

ets Trēs, säg du nummən gad holts, *sušt muəs i ti dən eis lịrän*. Andreas, säge du jetzt nur Holz, sonst muss ich dich dann einmal beim Ohr nehmen.

diə arbeit išt fil tsunən grössi ksịn, *drumm išt ər duə dran irkudläd*. Die Arbeit ist viel zu gross gewesen; darum ist er dabei stecken geblieben.

Sind die Glieder der Parataxe verkürzt, so gestaltet sich auch die modulatorische Bewegung, namentlich beim ersten Glied, einfacher.

är ubər piətən (Hinterteil des Schiffes) *ịsi und i ts wassär* oder .

2. Bei der Hypotaxe ist gewöhnlich das erste Glied, wenn es aus einem Nebensatz besteht, steigend, das zweite fallend oder steigend fallend. Ist der Hauptsatz erstes Glied, so kann bei diesem auch steigend fallende Bewegung eintreten.

wə si ta uəhi geid, *su ksēt si its Entlibuəχ aphi*. Wenn man da hinauf geht, so sieht man ins Entlibuch hinunter.

we si ffirhi fārd, *su ksēt si kügən Meiriŋəŋän*. Wenn man hinaus fährt, so sieht man gegen Meiringen.

är χund də(n) ts hand, *wen iər den dəheimmə sịd*. Er kommt dann am Abend, wenn ihr zu Hause seid.

är ist grēsär, *wan iər all tsämän*

Er ist grösser, als ihr alle zusammen.

əs hed krimälläd (gedonnert), *das ts gants hūs irmadläd* (erzittert) *ist*. Tonhöhe auf *hūs*.

8. Es kann jedoch auch das 2. Glied, gleichviel ob Haupt- oder Nebensatz, steigend sein, namentlich hört man etwa bei Konsekutivsätzen steigende Bewegung, doch scheint diese modulatorische Eigenheit ein Import aus dem Haslital (Meiringen) zu sein, wo auch in der Aussage an einigen Orten steigender Ton vorkommt.

är hed əso kwaχsän (gewachsen), *das i nän* (ihn) *gar nịmma pχend han*.

i kloubän, *ər χemi tsruk* oder . Ich glaube, er komme zurück.

i ffirχtän gwiss, *ər sịgi epumha əmbrinha khịd* oder . Ich fürchte gewiss, er sei irgendwo herunter gefallen.

wen är χund, *su bin i ten dā*.

Wenn er kommt, so bin ich dann da.

9. Die Attributsätze sind fallend, wenn sie nach dem Hauptsatze stehen. Als Zwischensätze haben sie steigende Bewegung, können jedoch ebenen Ton aufweisen und setzen in der Regel unter der Mittellage ein. *der man*, *wa i ksēn han*, welchen ich gesehen habe, *ist nịd räχt ts fridän*.

Hinsichtlich des Abstandes der einzelnen Töne ist zu bemerken, dass bei Steigerung des Affektes dieselben weiter auseinander liegen. Es kann der Abstand zwischen dem Ton des ersten und dem des letzten Taktes auch mehr als einen Oktavensprung betragen. So haben wir im folgenden Beispiel die Bewegung vom zweigestrichenen g zum eingestrichenen e.

ets χun dew grad tsuəm mər anha!

Wir haben auch direkt den Sprung von g zu ē in dem verwundernden *jā* und *sō*.

Auch die Modulation, welche der Sprache der Furcht und des Schreckens eigen ist, bewegt sich meistens in weiten Grenzen. Sehr häufig kommen Dezimenschritte vor. Je grösser indessen der Abstand der unmittelbar aufeinander folgenden Sprachtöne ist, desto weniger deutlich wird der letzte vernommen. Er verhallt sehr oft als blosses Flüstergeräusch. Anders bei der steigenden Bewegung. Hier wird in der Regel der letzte Ton, wenn auch die Differenz, die ihn vom vorhergehenden trennt, bedeutend ist, leicht aufgefasst und kann nach Dauer und Höhe bestimmt werden.

§ 10. Der Dauerwert der einzelnen Töne ist sehr verschieden. Die Maximaldauer erreichen die, welche eine Frage schliessen. Es kann in diesem Falle der letzte Ton einer halben Note 𝅗𝅥 mittleren Tempos gleichgestellt werden. Es muss jedoch bemerkt werden, dass die originellen charakteristischen Stimmtonfermaten vorzugsweise bei ältern Leuten zu hören sind, während die jüngern dieser idiomatischen Modulation des „*ṳsi tēnnän*", d. h. die Stimme austönen lassen, eine gewisse Prüderie an den Tag legen.

5. Quantität der Vokale.

§ 11. Die Vokale der Mundart, verglichen mit denen des Mittelhochdeutschen, weisen keine wesentlichen quantitativen Veränderungen auf. Alte Kürzen und Längen sind grösstenteils bewahrt. Wo die prosodischen Verhältnisse dem alten Sprachzustande nicht mehr entsprechen, müssen Analogiewirkungen vorliegen. Vor Auslautstellung der Geräuschlenis ist kein einziger Vokal gedehnt worden. Vor schliessender Sonorlenis treffen wir nur wenige Dehnungen, und diese dürften gemeinschweizerisch sein.

§ 12. Wir könnten auch für die Vokale der Mundart B. vier Dauergrade statuiren, wie sie in phonetischen Lehrbüchern auseinander gehalten werden: 1. überlang, 2. lang, 3. kurz, 4. überkurz. Als Beispiele hätten zu gelten:

1. *wị* (mhd. wi), *lịd*, liegt, *hụs*.

2. *hịsär* (mhd. hiuser), *sịdän* (mhd. side).

3. *wid* (mhd. wid), *rad*, *fas* (mhd. faz), *sin* (mhd. sin), *sun* (mhd. sun).

4. *widän*, jemand bändigen, *redär*, Räder.

Da jedoch die Differenz der Dauergrade der Längen einerseits und der Kürzen andererseits eine so verschwindend kleine ist, so werden wir im Folgenden nur zwischen Länge und Kürze unterscheiden. Um so eher sind wir im Falle dies tun zu können, da die Mundart auch bei Pausastellung der Wörter keinen Zweifel darüber aufkommen lässt, ob man Länge oder Kürze des Vokals anzunehmen hat. Ich muss dies besonders hervorheben, da auch bei nicht dehnenden Mundarten Pausalängungen vorkommen (vgl. Stickelberger, Beiträge XIV. 415).

§ 13. Die oben erwähnten Dehnungen, die nur in der Frage auftreten, nicht etwa allgemein in Pausastellung wie in Schaffhausen, haben wir als Repräsentanten mittlerer Quantitäten aufzufassen.

Jn der Mundart B. kann also ein kurzer Vokal auch gedehnt werden, aber nur unter den angegebenen modulatorischen Bedingungen. Es ist demnach der Satz, „wirklich kurze Silben sind nicht dehnbar“, wenn er eine phonetische Tatsache von allgemeiner Gültigkeit aussprechen soll, zu verwerfen (vgl. Heusler a. a. O. S. 49).

6. Silbentrennung.

§ 14. Mit den übrigen schweizerisch alemannischen Mundarten hat B. die Trennung nach expiratorischen oder Drucksilben gemein. Als differenzierender Faktor in dieser Beziehung hat namentlich die Behandlung der inlautenden Fortis zu gelten. In Übereinstimmung mit dem Gesetz der expiratorischen Silbentrennung bildet intervokalische Lenis den Eingang der folgenden Silbe: *šį-bän* (mhd. schîbe), *wį-dän* (mhd. wîde), *gį-gän* (mhd. gîge), *ši-nän* (mhd. schine). Folgen auf einen Vokal zwei Lenes, so bildet die 2. immer den Anlaut der folgenden Silbe, wofern nicht Geräuschlenis und Sonorlenis neben einander stehen.

§ 15. 1. *Sonorlenis und Geräuschlenis.*

äm-dän, emden, *fin-dän*, *wär-dän*, werden, *tswel-fi*, zwölf, *häl-sig* (mhd. helsinc), *wal-χän* (mhd. walken).

2. *Sonorlenis und Sonorlenis.*

bal-män, unter einer Balm, Felsenvorsprung, sein.

3. *Geräuschlenis und Geräuschlenis.*

ab-gaŋŋ, Abgang.

Man trennt aber:

E-bli-gän, *a-dlär*, Adler, *šti-glän*, stottern, *χa-flän*, widerreden, *rä-slän*, rieseln, *wa-šlän*, lästig plaudern.

riə-bli, kleine Rübe, *nā-dlän*, Nadel.

wā-gli, kleine Wage, *sei-fri*, einer der geifert, *hų-sli*, Häuschen, *χrö-sli*, Stachelbeere, *χų-χlän*, Kunkel.

Anmerkung. Wenn *kurzer* Vokal vor dieser Lautgruppe steht, so kann auch abgeteilt werden: *Eb-ligän*, *χaf-län*, *räs-län*.

§ 16. Für die inlautende Fortis gilt das Gesetz, dass die Silbengrenze in sie hineinfällt, wofern nicht eine Spirans vorangeht. Mit andern Worten: Jede inlautende Fortis, die keine Spirans vor sich hat, wird als Geminata gesprochen.

Heusler äussert in seiner Arbeit über den Konsonantismus von Baselstadt anfänglich Bedenken, für seine Mundart Geminata anzunehmen, neigt sich aber schliesslich der Ansicht zu, ihr solche zuzusprechen. Stickelberger vindicirt in seinem Vokalismus S. 13 der intervokalischen Fortis deutliche Geminata-Artikulation, hält aber dafür, dass die Fortis sonst in keiner andern Stellung als Geminata gesprochen werden könne. Das trifft für meine Mundart nicht zu. *Nicht nur zwischen Sonorlauten überhaupt, sondern auch in der Lautfolge Vok. + Fortis + Spirans, wird die Geminatabildung deutlich wahrgenommen.* Ich stehe davon ab, die Explosiv-Geminata durch Doppelschreibung anzudeuten. Zweideutigkeiten können ja nicht entstehen. Beispiele über die Geminata:

1. *χapi*, Kaspar, | bezeichnet die Geminata-Artikulation. *äti* (zu got. atta), *wekän* (ahd. wecki) keil, *šliffän*, *wassär*, *wäššän*, waschen, *wuχχän*, Woche, *goummän*, (got. gaumjan), *Änni*, Anna, *ëllän* (got. aljanôn), necken, *šwërrän*, (ahd. swerien), *hewwän*, heuen.

2. *χrimpän*, krümmen, sich biegen, bücken, *pfentän*,

pfänden, *kšentän*, schänden, *welpän*, umstossen, *heltän*, neigen, *pulki*, Bündel, *šlärpän*, eine langsame Weibsperson, *wärtän*, *wirkän*, würgen.

3. *šepli*, Schoppen, *unwätli* (ahd. unwâtlih) ungehorsam, *öklän*, Kröte, *wiklän*, Steinkauz.

4. *hopsär*, eine Art Tanz, *šepfän*, schöpfen. *Bothän*, Name einer Alp am Giessbach, *etsän*, jetzt.

5. *hiltsän*, Hülse, *šerpfär*, schärfen. *χęrtsän*, Kerze. Nach einer Spirans kommt die Geminata nicht vor. Wir trennen also:

χläf-tär, Klafter, *ąs-tig*, Frühling, *wäš-pi*, Wespe, *aχ-tän*, achten.

7. Sandhierscheinungen.

§ 17. Unter den Sandhitatsachen, die unter dem Einfluss des expiratorischen Accentes stehen, hat Winteler ein Gesetz besprochen, das den Namen „Wintelers Silbenaccentgesetz" bekommen (Sievers, S. 196):

Jede Lenis, tönende oder harte, wird im Nachruck unmittelbar nach kurzem Vokal zur Fortis, wenn ihr ein harter Konsonant in der nämlichen Sprachsilbe folgt (Winteler K. M. S. 142, 143). Sievers macht (a. a. O.) insofern eine Restriktion zu diesem Gesetz, als er nur für die Dauerlaute (Liquida, Nasal, Spirans) diesen Wandel statuirt. Indessen ist nicht abzusehen, warum die Explosivlenes sich anders verhalten sollten als die andern harten Laute. Wo für eine Mundart stark geschnittener Silbenaccent anzunehmen ist, müssen wir wohl auch voraussetzen, dass sämtliche Lenes unter jenen Bedingungen einen höhern Intensitätsgrad erreichen, d. h. zu Fortes werden können. So gilt das Gesetz in seiner Allgemeinheit nach den Untersuchungen von Heusler und Stickelberger für Basel und Schaffhausen. Ich muss jedoch gestehen, dass die Regel in ihrer weiten Fassung für einige Schweizer Mundarten nicht zutrifft. Durchgängig dürfte wohl der Satz gelten, dass jede harte (stimmlose) Lenis vor hartem Konsonant unter obigen Voraussetzungen zur Fortis wird. Die Sonorlenis unterliegt diesem Intensitätswandel nicht in allen Dialekten. Zu diesen gehören vornehmlich solche, welche auch vor schliessender Lenis den Vokal nicht gedehnt haben, wo es also nicht nur heisst *špilän*, sondern auch *špil*, *tsam*, *lam*, *han* (mhd. han), *sun*. *bär*. Diese Mundarten bilden allerdings eine sehr kleine Gruppe, worüber Näheres in meiner Gruppirung der Schweizer Dialekte. Die übrigen Mundarten, die bei diesen Beispielen entweder Dehnung des Vokals oder Schärfung der Lenis zur Fortis zeigen, besitzen das Silbenaccentgesetz ohne jegliche Einschränkung. In den nicht dehnenden Mundarten können die obigen Formen *špil*, *tsam*, *lam* etc. mit dem grössten Nachdruck gesprochen werden, ohne dass stimmhafte Lenis nur im Geringsten etwas von ihrem specifischen Charakter einbüsst. Was für Basel eine geradezu unmögliche Artikulation ist (vgl. Heusler, a. a. O.), das ist für Brienz „eine ganz gewöhnliche Sprechweise.“ Ebenso kann *špild* 3. P. Sg. mit Nachdruck gesprochen werden, ohne die Lenisartikulation des l aufzugeben, und wenn ich *hand*, *tsand*, Zahn, spreche, so ist der Intensitätsgrad des n nicht grösser als in *han*. Der Verschluss des n ist eben ein so schwacher in *hand*, dass der Laut nicht anders vom Gehör empfunden wird, als da, wo er das Wort schliesst. Aber nicht nur das Ohr, sondern auch das Auge lässt uns die Identität der beiden n-Artikulationen erkennen. Damit soll nicht gesagt sein, dass eine Fortisartikulation ganz und gar unmöglich wäre, sie kommt aber nur ausnahmsweise, in Fällen gesteigerten Affektes vor, ähnlich wie in der Basler Mundart unter gleichen Umständen eine anlautende Geräuschlenis zur Fortis sich potenziren kann. Unter der gleichen Bedingung wie in *špild* das l Fortischarakter annimmt, kann l, auch nach langem Vokal, zur Fortis sich erheben, nämlich in Fällen höchster Emphase, so z. B. in *wāld*, das ist aber, wie gesagt, das Exceptionelle. Bisher haben wir nur die Lautfolge Sonorlenis + Geräuschlenis im Auge gehabt. Bei der Lautgruppe Sonorlenis + Fortis gilt das Gesetz auch für die Mundart B.*) Setzen wir ferner statt der stimmhaften Lenis die stimmlose, so hat das Gesetz ebenfalls Geltung für die Mundart B. Wie K. spricht B. *jakt*, jagt u. s. w.

§ 18. Es kann nun die Frage aufgeworfen werden: Wird beim Zusammentreffen zweier harten Lenes nur die erste afficirt d. h. verstärkt oder wird auch die zweite in Mitleidenschaft gezogen? Heusler tritt auch dieser Frage näher und nennt die unter solchen Umständen modificirten Lenes neutrale Fortes. Ich glaube jedoch nicht fehlzugehen, wenn ich für meine Mundart die so entstandenen Fortes den etymologischen in ihrem akustischen Effekte gleich zu setzen mir erlaube. Sie können keineswegs mehr von einer etymologischen Fortis, wohl aber deutlich von einer Lenis unterschieden werden. Die Formen *häb* (mhd. haben) und *dar* (mhd. dar) bilden beim Zusammenstoss *häptar*, die Lenes b, d werden nicht mehr als solche, sondern als Fortes empfunden, *bis dert* (mhd. dort) > *biss tert*, *bṳχ*, Imp. zu *bṳχän*, die Wäsche kochen, und *sṳfär*, sauber, er-

*) Wir haben es unterlassen, die so entstandene Sonorfortis besonders zu figuriren.

geben *bų̈χχssų̈für*, *grad* und *sälbär* > *gratssälbär*, *lig* und *firha*, weiter vorne, > *likffirha*, *sų̈f* und *den*, dann, > *sų̈ffton*, *wiš* und *bessür* > *wiššpessür*. Das obwaltende Gesetz wird demnach lauten:

Treffen zwei stimmlose Lenes, gleichviel ob sie der gleichen Sprachsilbe angehören oder nicht, zusammen, so wird ihr Intensitätsgrad unter der Herrschaft des expiratorischen Accentes dergestalt gesteigert, dass sie von den Fortes nicht mehr, wohl aber sehr gut von den Lenes unterschieden werden können. Ich halte dafür, dass dieses Gesetz nicht nur in meiner Mundart wirksam ist, sondern auch bei andern Mundarten angetroffen wird.

§ 19. Aber nicht nur die gegenwärtigen Mundarten zeigen uns das Walten dieses Gesetzes. Auch in der alten Sprache weist es seine deutlichen Spuren auf. Zwar kenne ich vor der Hand nur einen Zeugen, doch ist er schon so oft über phonetische Dinge befragt worden, dass ich nicht unterlassen kann, ihn auch anzurufen. Dieser Zeuge ist Notker. Sein Anlautsgesetz stimmt zu demjenigen, das ich soeben für meine Mundart statuirt habe. Nach Sonorlenis (Vokal) bleibt die harte Lenis, nach stimmloser wird sie zur Fortis. Bei Notker wandelt sich jedoch die Lenis zur Fortis auch im freien Anlaut, am Anfang eines Satzes oder eines Satzteiles. Diese Potenzirung steht wohl im Kausalzusammenhang zum festen Lauteinsatz, der gewissen Mundarten eigen ist. So viel ist sicher, dass der Intensitätsgrad der frei anlautenden Lenis bei grossem Nachdruck gerne sich steigert. Am leichtesten kann man daher den Stärkegrad des anlautenden harten Konsonanten bestimmen, wenn er im Satzzusammenhang nach Sonorlauten auftritt.

§ 20. Das oben formulirte Gesetz ist auch ein Auslautsgesetz. Was sagt Notker dazu? Hier lässt uns der treffliche phonetische Zeuge im Stich. Er schreibt: tes koldes, nemag pezera sîn, erdpûwo (Braune, a. a. O. S. 74). also überall die Lenis vor den geschärften Lauten. Die modernen Mundarten aber liefern den Beweis, dass wir hier unter s, d, g nicht den schwachen Intensitätsgrad des harten Konsonanten zu sehen haben. Wir sind keineswegs im Irrtum, wenn wir auch hier das Silbenaccentgesetz als wirksam anerkennen. Notker wird wohl auch gesprochen haben: Tess koldes, nemak pezera sîn.

Wenn nun Notker die graphische Fixirung nicht durchgängig mit den unter bestimmten Voraussetzungen entstehenden Lautbildern in Einklang brachte, so finden wir das sehr natürlich, weil praktisch. Würde er sich in seinen Transskriptionen ganz von phonetischen Forderungen haben leiten lassen, so wäre das etymologische Wortbild verdunkelt worden. Er suchte auch gerade mit den Zeichen auszukommen, die er eben besass. Für die beiden Stärkegrade des labialen Spiranten standen ihm die beiden Zeichen f und v zur Verfügung. Zur Bezeichnung der übrigen spirantischen Fortes fehlte ihm das schriftliche Material, wie wir auch dessen entraten müssen. Wenn wir auch nicht überall die besprochenen Wechselfälle der Lenis darstellen, so mag man es aus praktischen Rücksichten entschuldigen. Ich führe im Folgenden noch einige Doppelformen an, die das besprochene Gesetz weiter illustriren. So heisst es in der Mundart B.:

iχ̣χ̣ pin häufiger *i pin*, ich bin.
oχ̣χ̣ tert „ *o tert*, auch dort.
iχ̣χ̣ kān „ *i kān*, ich gehe.
iχ̣χ̣ ffārän „ *i ffārän*, ich fahre.
iχ̣χ̣ ssol „ *i ssol*, ich soll.

iχχ ššabün häufiger *i ššabün*, ich schabe.

iχχ χχiχün „ *i χχiχün*, ich keuche.

Anmerkung. Nur diese Verschärfungen habe ich in meiner Arbeit besonders figurirt.

Nach Sonorlauten erscheint aber wieder die Lenis; eine Ausnahme machen *š* und χ, die immer als Fortes auftreten, d. h. die Form nach Geräuschlauten ist konstant geblieben. Nach den Sonorlauten haben wir also folgende Formen:

du bišt (vergleiche *i pin*), *du dert*, du dort, *du geišt*, gehst, *du fāršt*, fährst, *du sold*, sollst.

Wenn das etymologische Verhältniss eines Wortes verdunkelt ist und man beispielsweise am Wortende kein altes χ mehr vermutet, so bleibt auch der folgende Laut unangetastet. Daher sagt man in der Mundart: *är geid nā brōd*, er holt Brod, während auf dem Beatenberg dieses *nā* noch als *nāch* gefühlt wird und darum dort: „*nā prōd*“ gesprochen wird, ähnlich wie es in Brienz heisst *o(χχ) pröd*, auch Brod, *no(χχ) pröd*, noch Brod, *grįsəlli (χχ) krössa*, sehr gross u. s. w.

§ 21. Die An- und Auslautregel gibt uns nun den Schlüssel in die Hand, um in die Geheimnisse der konstant gewordenen Konsonantenverschärfungen und Erweichungen einzudringen. Auf die Intensitätssteigerung der anlautenden Konsonanten hat Heusler hingewiesen (a. a. O. S. 6). Auch die Mundart B. bietet eine beträchtliche Anzahl Wörter mit festgewordenen p, t, k, die einer alten Lenis gegenüber stehen, z. B. *plįkün* (mhd. bliugen), *trikχün*, drücken, *kölün* (mhd. goln) etc.

Das d in *rad* behält seine Lenisartikulation vor Sonorkonsonant, vor hartem Laut wird es zur Fortis, daher die Formen *radnagül* aber *ratšuə*. Die Form mit t ist von einigen Dialekten verallgemeinert worden, so bietet Roggenburg (Berner Jura) *röt*. Ich erwähne ferner das elsässische *hüss*, Haus, das auch auf diese Weise entstanden gedacht werden kann, ebenso *χlak*, klage, *šmit*, Schmied, der Ma. Altdorf (Uri).

§ 22. Nun die Erweichungen. Die Herabsetzung der Intensität der alten anlautenden Fortes ist, wie bekannt, charakteristisch für die Nordwestgruppe der Schweizer Dialekte. Nach Analogie des Wechsels *iχχ tarf*: er darf, ist auch altes t diesem Wandel zum Opfer gefallen. Konfrontiren wir diese beiden Wechselfälle, so ergibt sich die Proportion: *iχχ tarf* : er darf = *iχχ tuə* : *er duət*.

Zur Erklärung der Auslautserweichungen müssen wir ebenfalls jene Lautregel zu Hülfe nehmen. Für B. gilt das Gesetz: Alte auslautende Geräuschfortes werden geschwächt: *bröt* > *bröd*, *bluot* > *bluəd*, *guot* > *guəd*, *huot* > *huəd* u. s. w., *wāg*, Imp. v. *wākän*, wägen. Ferner spricht man mit Lenis *fas* (mhd. *faȥ*), *is* (mhd. iȥ), *gruəs* (mhd. gruoȥ), *šweis*, *heis*, *šlos*, *šös*, *šos*, *lös* u. s. w. Auch bei den übrigen Spiranten ist Schwächung die Regel. *šif*, Schiff, *trif*, Imp. zu *träffän*, *briχ*, Imp. zu *bräχχän*, brechen, *wäš*, Imp. zu *wäššän*, waschen, *baχ*, Bach, *taχ*, Dach etc.

Anmerkung. Es darf wohl angenommen werden, dass diese auslautenden harten Konsonanten im Mittelhochdeutschen als Fortes gesprochen wurden.

Wie wir oben bei den Anlautserweichungen gesehen, ist die alte Fortis zur Lenis gewandelt worden, indem ein lautgesetzlicher Wechsel zwischen Fortis und Lenis einer analogischen Neubildung zum Muster diente. Beim Auslaut finden wir das Gleiche, mit dem Unterschied zwar, dass dort der auslautende, hier der anlautende Konsonant als bestimmender Faktor auftritt. Die neben einander stehenden Formen *rat šteid*, *rad lịd* führten das Verhältnis *trāt šteid*: *trād lịd* herbei. Die

Form *trād* ist der Mundart im freien Auslaut geblieben. Ferner stehen mundartlich neben einander *glasspiər* und *glaswi̥n*, danach hat sich eine Proportion gebildet wie die folgende:

glasspiər : *glaswi̥n* = *fasspiər* : *faswi̥n*.

Auf solche Weise werden alle diese Erweichungen *gruəs*, *šweis*, *heis* etc. zu erklären sein. In einigen Fällen ist die alte Fortis im Auslaut geblieben, d. h. die Form vor hartem Konsonant hat gesiegt, so in *grōss*, dagegen zeigt sich die analogische, vor stimmhaftem Laut geforderte in *gros muətär* und ist auch in den Komparativ eingedrungen: *grēsär*, grösser. So ist wohl auch die Form *grōsi*, Grossmutter, zu beurteilen. Bei diesen Erweichungen ist es gleichgültig, ob der erweichte Laut einer alten inlautenden Fortis oder Geminata gegenüber steht. Das Resultat ist das nämliche. Das mittelhochdeutsche matte lautet in lokalen Eigennamen *mad*, so in *χiəmad*, Viehweide unterhalb des Achsalperhorns.

§ 23. Besprochener Wechsel zwischen inlautend geschärftem Laut und auslautender Lenis zeigt sich auch bei den Sonorlauten. Beispiele: *i štällän*, in den Ställen, Sing. *štal*, Stall, *fal*, Fall, *fäl*, Fell, *gwinnän*, Imp. *gwin*, *lērrän*, Imp. *lēr*, *šwērrän*, Imp. *šwēr*. Doch ist dieser Wandel nicht so konsequent durchgeführt worden wie bei den Geräuschlauten und beruht auch nicht auf den gleichen Ursachen. Einige Verbalformen, sowie mehrere adjektivische j-Stämme, zeigen die Spuren des westgermanischen Verschärfungsgesetzes noch im Auslaut; *šēnn*, schön, *griənn*, grün, *hēnn* (ahd. hôni). Die Pronomen *imm*, *dämm*, *wämm* weisen sogar eine Verschärfung auf gegenüber den alth. imu, dëmu, (h) wëmu.

§ 24. Oben ist gezeigt worden, dass selbst grosser Nachdruck kein *rat*, *glass*, *sinn*, *sunn* aus rad, glas, sin, sun im freien Auslaut erzeugte. So sind wir denn angesichts dieser Pronomen gezwungen, folgende ältere Formen anzusetzen: *immu, *dëmmu, *(h) wëmmu d. h. Formen mit verschärftem Sonorkonsonant, wie sie das Gotische in imma, u. s. w. aufweist. Es ist sehr wahrscheinlich, dass schon zu Notkers Zeiten im Alemannischen verschiedene Idiome sich herausgebildet hatten, die sowohl in lexikalischer, als flexivischer und namentlich auch in lautlicher Differenzirung sich wesentlich von einander abhoben.

In einer Engelberger Verdeutschung der Benediktiner Regel (v. Jahr 1270, vgl. Geschichtsfreund 39, S. 8) ist der Vokalismus so ziemlich der gleiche, wie er im Unterwaldner Dialekt gegenwärtig sich zeigt. Wir stossen da auf Formen: gloiben, oigen, wie sie heute gebraucht werden und wie sie vielleicht schon einige Jahrhunderte früher jenem Dialekte eigen waren. So mögen sich auch die alten alemannischen Dialekte hinsichtlich jener Pronomen von einander unterschieden haben.

§ 25. Wir haben gesehen, wie zwei harte Lenes unter dem Einfluss des expiratorischen Accentes in ihrer Intensitätssteigerung so weit fortschreiten können, dass sie von den Fortes nicht mehr unterschieden werden. Untersuchen wir nun, wie die verschiedenen Artikulationen unabhängig von den Nachdruckverhältnissen einander beeinflussen (vgl. Winteler a. a. O. S. 134). Im Grossen und Ganzen treffen wir die gleichen Assimilationen, wie Winteler sie für K. gefunden hat. Da sich jedoch einige von K. abweichende Assimilationen zeigen, so führe ich noch einmal sämtliche Lautfolgen auf, die bei der Assimilation in Betracht kommen können.

d + b > p (Fortis oder Geminata)
t + b > p
d + p > p
t + p > p
d + g > k *iər weid gān > iər weikān.*
t + g > k
d + f > tff *är geid filiχt > är geitffiliχt.*
d + χχ > kχχ *är hed χχegäl > är hekχχegäl.*
t + m > pm
d + m > bm

In einigen Fällen ist der im Satzsandhi entstandene Lautwandel fest geworden, so in *tųsig*, tausend, *ǫbig*, Abend (Hunziker S. 197), *hundərg*, hundert (Jd. II, Sp. 1406), *hoχsig*, Hochzeit (vgl. Hunziker S. 181), *ig*, ich (Berner Mittelland).

§ 26. Ganz besonders charakteristisch für die Mundart B. ist der assimilatorische Wandel, dem der Sonorlaut n unterliegt. Hier haben wir folgende Erscheinungen zu erwähnen:

n + b > mb *miər wein badän >*
miər weim badän,
wir wollen baden.

n + p > p
n + d > nd *miər wein drus*,
wir wollen draus, hinaus.

n + d > t
n + g > ŋg *si tiən* (tun) *gān > si tiəŋ gān.*
n + k > k
n + f > f *si hein* (haben) *fīf > si hei fīf.*
n + s > s *si sīn sälbär > si sī sälbär.*
n + šš > šš *miər wein ššäbän > miər wei ššäbän.*
n + χχ > χχ *si tiə χχīχχän*, keuchen.
n + h > nh *si tiən heiχän*, sie hängen auf.

n + m > mm	*si weim mē > si weimmē*, sie wollen mehr.
n + n > nn	
n + l > ll	*miər wein ladän > miər weil ladän*, wir wollen laden.
n + r > rr	*si hein* (haben) *räχt* > *si heir räχt*, sie haben recht.
n + j > jj	*si tiən jätän > si tiəjjätän*, sie schlagen sich.
n + r > rr	*unwâtli > uwwâtli*, ungezogen.

§ 27. Ueber die Assimilation des n ist Folgendes zu bemerken:

Wie aus der Tabelle hervorgeht, behält n seinen Lautwert nur vor d und h, in andern Fällen assimilirt es sich dem folgenden Konsonanten. Vor f, s und sämtlichen Fortes schwindet der Sonorlaut ohne eine Spur zu hinterlassen.

§ 28. Besondere Beachtung verdienen noch die Laute n, d der Konjunktion und in ihrer Angleichung an folgende Konsonanten. Vor Vokalen bleibt der Lautkörper der Konjunktion unangetastet, vor Sonorkonsonanten assimilirt sich n in der angegebenen Weise: *und mōrän* (und morgen) > *um mōrän*, *und ligän* (und liegen) > *ul ligän*. Steht die Konjunktion vor Geräuschlauten, so assimilirt sich d, das n schwindet: *und fiər > uffiər*, *dir und dir* (durch und durch) > *dir u tir*, *und säχs > ussäχs*. Im Falle grosser Nachdrucklosigkeit (wie bei Zahlwörtern) tritt die Konjunktion, wenn d folgt, als ed auf, und es entsteht eine Fortis oder Geminata: *fiəretrịssg* (34). Die Form *trịssg* ist konstant geblieben, während *drị* die Lenis aufweist. Vor Vokal wird sie zu *ənd: drịəndaχtsg* (83). Vor Sonorkonsonanten sinkt sie zu ə herab: *fịfənịntsg* (95).

§ 29. Bei den Präpositionen *tsuə* (*n*), *tsu* (*n*), zu, *biə* (*n*), *bi* (*n*), bei, verhält sich das angetretene n wie etymologisches: *tsum miər*, *tsúəm mər*, zu mir, *tsur Ruədin*, zu Rudolf, *tsurə Grētin*, zu der Margaretha, *tsun ənə grossa*, ein zu grosser, *bi Seillärn*, bei Herrn Seiler, *bi Frụtigärn*, bei Herrn Frutiger, *bin Hegin*, bei Herrn Hegi, *bim Miχχäln*, bei Herrn Michel u. s. w.

§ 30. Eine in der Mundart allein stehende Assimilation des b an m liegt vor in *gimmär* für *gib mär*, gieb mir. Die Formen wie: *tseig mär* etc. weisen darauf hin, dass jene Angleichung eine sehr alte sein muss.

§ 31. Wandel des s.

a) regressive Assimilation:

hušštad, Hausstatt, *biššill*, sei still, *roššal*, Rossstall. Die in Walliser und Bündner Dialekten vorkommenden Formen wie *hụš*, Haus, etc. werden als solche Sandhibildungen zu fassen sein. Übergang eines s in *š* begegnet in B. bei den Wörtern *ịš* (mhd. îs) *ịššün*, Eiszapfen, *miəš*, Moos.

Anmerkung. Obiger Erklärung liegt die Annahme zu Grunde, dass s der Gruppen sp, st u. s. w. in den breiten Zischlaut gewandelt worden war, bevor es auslautend in *š* überging.

b) progressive Assimilation:

Die Angleichung des s der Pronomen si Sg. N. f. u. Pl., sa Sg. Ak. f., *sən*, *sin* (mhd. sîn) an die verbale Endung *št* liegt vor in: *du bišši*, du bist sie, *du hešša*, du hast sie, *är išš*, er ist es, *du heššən gnuəg*, du hast dessen genug, jedoch auch mit regressiver Assimilation, *är iss*.

In den Walliser und Bündner Mundarten ist der aus dem Satzsandhi hervorgegangene breite Zischlaut *š*. der Pronominalformen konstant geblieben.

§ 32. Als Produkt einer reciproken Assimilation ist das Pronomen *miər*, wir, anzusehen:

singen wir > *sinnəm wir* > *sinnəm mir* (*miər*).

§ 33. Im Folgenden seien noch einige Fälle von Angleichungen angeführt, bei welchen zwar nicht aus- und anlautende, sondern benachbarte Konsonanten eines und desselben Worten von assimilatorischem Wandel betroffen werden.

1. Progressive Assimilation:
umm < umbi, ferner *lann* < land, *wann* < wand, welche Formen im Berner Mittelland westlich der Aare vorkommen, sodann *huŋŋ* < hund, *waŋŋ* < wand: Diese Angleichungen begegnen in einem grossen Teil des Kantons Bern (jener angegebene Strich und das Oberland ausgenommen) sowie im Solothurnischen.

2. Es kommt auch etwa vor, dass ein Dialekt bei einem Worte progressive, ein anderer beim gleichen regressive Angleichung zeigt. So heisst es in K. *häup* (mhd. houbet), *ötər* (mhd. üteswer) mit progressiver, in B. *hout*, *epär*, mit regressiver Assimilation.

3. Reciproke Assimilation findet sich in:
luŋŋän, Lunge, *i maŋŋləti* oder *i mălti*, ich sollte haben.

Anmerkung. Assimilation liegt auch vor in der Schwächung eines t nach n wie in: *hindär*, hinter, *sundig*, Sonntag *măndig*, Montag.

§ 34. Unter die Assimilationserscheinungen werden ferner die Verkürzungen des bestimmten Artikels mit vokalischem Ausgang gerechnet: *tsuŋŋän*, die Zunge, *pärän*, die Bären, *taga*, die Tage.

§ 35. Über die Verkürzung der Vorsilben be, ge zu p—, k— vgl. Winteler a. a. O. S. 137.

8. Veränderungen des innern Lautkörpers unter dem Einfluss des Accentes.

§ 36. Diese liegen sowohl auf dem Gebiet des Vokalismus als auch auf dem des Konsonantismus. In einigen Fällen ist der Stammvokal in betonter Stellung diphthongirt worden (vgl. die Scheideformen § 39), sodann wurden lange Vokale, die nicht den vollen Accent trugen, gekürzt, z. B. *špaŋgriən* (mhd. spângrüen), *bramběri* (mhd. brâmber), aber *brāmərrän*, Brombeerhecke, *χämətän* (mhd. kemenâte), kurze unbetonte Vokale, wie a, o sind zu u verdumpft worden in: *tubákχ*, Tabak, *pudänt*, Patent, *pudäššän*, Potasche, *pfīffolträn* f. (mhd. vîvalter), in einigen Fällen hat Erhöhung zu i stattgefunden (vgl. § 121, 123a).

Anmerkung 1. In romanischen Lehnwörtern ist o vor Nasalverbindungen, sowohl in unbetonter, als auch in betonter Stellung in u übergegangen: *trumpiərän*, tromper, *kuntän*; compte, *kχanunnän*, it. cannone u. s. w.

Anmerkung 2. Es ist anzunehmen, dass bei den Dialekten, die altes *ā* in *ō* gewandelt haben, *ā* in unbetonter Stellung zuerst zu *ō* geworden. (Näheres hierüber in meiner Gruppirung der Schweizer Dialekte).

§ 37. Was die Beeinflussung der Konsonanten anbelangt, so begegnen einige Fälle von Schwächungen vor der hochbetonten Silbe. Es existirt indessen kein allgemein gültiges Lautgesetz, wie wir es in der Basler Mundart und anderswo antreffen. Die folgenden Beispiele, die uns diese konsonantische Intensitätsverminderung illustriren, dürften gemeinschweizerisch sein.

1) p > b : *kχabút*, capot, *kχabǘt*, capote, *tabět*, Tapet.

2) t > d : *pudänt*, patente, *pudäššän*, Potasche, *pudịk*, boutique, *mundụ̄r*, monture, *štadụ̄tän*, Statuten, *proffidiərän*, profiter, *apədịt*, appétit, *kχapiddn*.

3) k > g : *ragĕtän*, Rakete, *regrụ̄t*, recrue, *magrōni*, it. maccheroni.

4) ss > s : *kχarisiərän*, caresser, *ramisiərän*, ramasser, *fasōn*, façon, *esänts*, essence.

5) mm > m : *kχumōd*, commode, *kumodän*. commode.

6) nn > n : *kχanunnän*, cannone, *resoniərän*, raisonner.

7) rr > r : *tärịnän*, terrine, Suppenschüssel.

Man sagt aber *tapētün*, Tapete, *matēri*, Eiter, *kafitiərün*, cafetière, *plessiərün*, blesser, *tressiərün*, dresser, *pressiərün*, presser etc. In einigen Beispielen liegt sogar Verschärfung der romanischen Lenis vor: *plakiərün*, blaguer, *tsikārün*, cigare, *rassiərün*, raser (Analogiebildungen).

Wohl weniger die Zeit als der Modus des Importes wird bei diesen Lehnmaterialien in Rechnung zu ziehen sein. Ob sie durch das Auge, d. h. durch die Schrift oder durch das Ohr, d. h. durch die mündliche Tradition vermittelt wurden, ist das Entscheidende. Sowohl in ältern als auch in jüngern Entlehnungen stehen sich beide Stärkegrade gegenüber. Wahrscheinlich sind erst in den letzten Decennien *pudịk* (seit Einführung der Holzschnitzerei) und *kχapidün* (seit Erscheinen der Dampfboote auf dem Brienzersee) eingeführt worden. *pussiərün* dürfte ganz neuen Datums sein, während *kχarisiərün* wohl schon lange das Bürgerrecht in der Mundart sich erworben hatte.

§ 38. In einigen Wörtern ist eine occasionelle emphatische Betonungsweise zur usuellen geworden, so in *liəpli*, lieblich, *frintli*, freundlich, *grintli*, gründlich, *tsịssli*, Zeisig, *leəkwịlig*, langweilig, *hiəkügün*, hingegen, *juəkfrowu*, Jungfrau (vgl. Winteler S. 140).

9. Satzphonetische Scheideformen.

§ 39. Wie oben gezeigt wurde, ist unter der Herrschaft des dynamischen Accentes bei einigen Wörtern der Stammvokal diphthongirt worden, während er dagegen in nachdruckloser Stellung der Schwächung anheimfiel. Zuweilen hat sich ein Wort unter verschiedenen Accentverhältnissen in mehr als swei Formen gespalten, und es kann mit einer Formendifferenzirung auch eine Bedeutungsdifferenzirung verbunden sein.

1. Den betonten Personalpronomen: *miər*, mir, *diər*, dir, *imm*, ihm, *ira*, ihr, *inn*, ihn, *ins* (Analogiebildung) es, *är*, er, *äs*, es, *miər*, wir, *is*, uns, *iər*, ihr, *eχ*, euch, *inän*, ihnen, stehen die unbetonten zur Seite:

mər, *dər*, *mə*, *ra*, *nän*, *s*, *ər*, *əs*, *mər*, *is*, *ər*, *əχ*, *nän*.

2. Neben den Demonstrativpronomen: *där*, der, *diə*, die, *das* (*dits*), das, *dämm*, dem, *därrän*, der, *dämm*, dem, *diə* Pl., *dänän*, Dat., lautet der best. Artikel:

dər, *t*, *ts*, *dəm(əm)*, *dər*, *dəm(əm)*, *t*, *dən*.

3. Auf gleiche Weise werden Zahlwort und unbestimmter Artikel von einander geschieden:

Den betonten Formen: *eina*, einer, *eimm*, einem, *eini*, eine, *einərrän*, einer, *eis*, eins, *eimm*, einem entsprechen die unbetonten: *ə(n)*, ein, *ənəm*, einem, *ə(n)*, eine, *ənər*, einer, *əs*, ein. *ənəm*, einem.

Anmerkung. Drei Formen haben wir in: *eis māl*, *əs māl*, *eməl*, wenigstens.

4. Auf altes *eindehwëder, eine Kompromissform, aus einwëder und dehwëder (Braune S. 207), gehen zurück die Indefinita: *citwädra*, einer von beiden, *ətwädra*, keiner von beiden. Letztere Bedeutung rührt von der Verwendung im Nebensatz her.

5. zuo — ze des Mittelhochdeutschen entsprechen mundartlich: *tsuə*, *tsu(n)*, *ts* (vgl. § 118. 4).

6. Mhd. bî setzt sich fort als bî (in Kompositis), *biə(n)*, *bi(n)* (vgl. § 118. 1.)

7. Dem ahd. Wortpaar gegen, gagan entsprechen *gägün*, *gan*. *gägün Briəns*, in der Richtung gegen Brienz, *gan Briəns*, nach Brienz, *wā tsi gägün* (mhd. zegegene) wo?

8. Das alte alsô (sô) erscheint in:

also, *also den*. Ferner tritt es in der Gestalt von *əsō* und als *əs* (*is*) auf: *əs fil əs fertig*, fast fertig, *es ləŋŋər si bessər*, je länger, je besser, *si* = so. Ebenso dürfte alsô in: *isiə*, *əsiə*, früher, hin und wieder, stecken, ferner in: *dər gants is wendig tag* = *dər gants kšlagə tag*, der ganze Tag, *wendig* (ahd. wendîg, vollendet).

9. Der Form *umhi* < umhin, zurück, wieder, steht die kurze *əm* zur Seite.

är geid umhi aphi oder *är geid əm aphi*, er geht wieder hinunter. Oft kommen beide vereinigt zur Verwendung: *dər mā(n) šịnd umhi* oder *dər mā(n) šịnd əm umhi*, der Mond scheint wieder (vgl. Jd. II. Sp. 1326).

10. Das Adverb *albün*, früher, hin und wieder, ist nach dem Zeugnis mehrerer Schweizer Dialekte, die *albig* aufweisen, eine Nebenform zu *alwäg*. Für die Endung mag *fārün* (mhd. vërn) entscheidend gewesen sein (vgl. Jd. I. Sp. 209).

11. Mhd. dâ, dar setzt sich fort in *dā*, *də*, *di*, *d*, *t*, *dar*, *dər*, *dir*, *,dr*.

är išt dā, *dinidün* und *dənidün*, drunten, *dobün*, droben, *thinnət ut har* (mit epithetischem t, wenn nicht an ahd. hinnônt angeknüpft wird) < dâ hinnen und har, *häb thand dar!* Halt die Hand her! *miər sịn der dir* < *dardurch, wir sind durch(gegangen), *dər dir ụs*, hinaus. Aus *dər dir ab*, hinunter, entstand durch Dissimilation *dər disab*, durch Abkürzung *disab* und *dərab*. Inwiefern *dərab* und *drab*, welche die gleichen etymologischen Bestandteile aufweisen, in ihrer Bedeutung sich differenziren, ersieht man aus Folgendem:

miər gān dər ab, z. B. den Berg hinunter, *miər gān drab*, z. B. ab einem Stein.

Anmerkung. Die beiden Formen dâ und dar haben im Gegensatz zum Nhd. sowohl vor vokalischem als auch konsonantischem Anlaut Verwendung gefunden (vgl. § 39. 12, § 119).

12. Mhd. wâ, war, leben in der Mundart unverändert fort: *wā išt är?* Wo ist er? *warum*, *warfir* etc.

13. Lediglich konsonantischer Wechsel zeigt sich in den Doppelformen *har* und — *ha*, *hin* und — *hi*. *wā χų̈št du har?* *dirhar* < *durhhar, überall, *apha* < *abhar, *tsuəha* < *zuohar. *wā geišt du hin?* Wo gehst du hin? *ür geid aphi* < *abbin, *tsuəhi* < *zuohin.

14. Altes nienêr setzt sich fort als *niəna* und *niənər*, letzteres mit der Bedeutung von nichts: *niənər-an*, an nichts, *niənər-uf*, auf nichts. So ist auch altes ëteswar von einem Bedeutungswandel betroffen worden: *epər-an*, an etwas, *epər-uf*, auf etwas. Ebenso stehen sich gegenüber *niəwa* (ni weiʒ wâ) und *niəwər* in: *niəwər-an*, an irgend etwas, *niəwər-uf*, auf irgend etwas.

15. Mhd. danne, denne begegnet in *den*, *də*, *di*. *si χund den*, sie kommt dann, *gägän də (di) friəijär*, im Vergleich zu früher.

16. Über die satzphonetische Vielformigkeit der Partikel und: *und*, *u*, *ət ənd*, *ə* (vgl. § 28).

10. Hinzufügung und Wegfall von Konsonanten.

§ 40. Die Prothesis und Epithesis, sowie Aphäresis und Apocope beruhen hin und wieder auf einer aus dem Satzsandhi abstrahirten Silbentrennung, in einigen Fällen liegen Analogiewirkungen vor. Durch falsche Silbentrennung ist *t* an *šuld* getreten und hat *tšuld* ergeben (vgl. fricktalerisches *diər*, ihr, *našt*, Ast). Fälle von Epithesis sind: *puršt*, Bursche, *laŋəišt*, (mhd. langes) längst, *sušt* (ahd. sus) sonst. Die Aphäresis wird illustrirt durch Beispicle aus dem Fricktal, wie: *it*, nicht, *ükχte*, Nacken. Der Fall von Apocope *wa*, was, aus dem Schaffhauser Dialekt ist ebenfalls aus dem Sandhi zu erklären. Den Ausgangspunkt bildete eine Konstruktion, in welcher das Pronomen vor die

Konsonantengruppe *šp*, *št* etc. zu stehen kam: *waš štilt ər?* Hiebei wurde abgeteilt: *wa štilt ər?* (vgl. § 31).

Ähnlich sind *bāl*, bald, *wāl*, Wald, aus Wattenwyl (Kt. Bern), *i*, ich, *wįsi* < mhd. wîsunge (vgl. § 123. d) der Ma. B. zu beurteilen.

§ 41. Die Epenthesis ist vielfach auf die innerhalb eines Wortes wirkenden artikulatorischen Faktoren zurückzuführen, so in:

faltš (mhd. falsch), *χeltš* (mhd. kölsch), *wältš* (mhd. welsch) *mentš*, Mensch, *hiəndli* (mhd. huonlîn), *špāndli* (mhd. spânelîn), *tondär* (mhd. toner), *mindär* (ahd. minr), *šēndär* (mhd. schœner), *χlįndär* (mhd. klîner), *āndli* (ahd. anagilîh), *är išt ųf und āndli dər glįχ*, er ist ganz der gleiche, *endlif* (mhd. einlif).

Auf analogischem Wege ist r eingedrungen in *firluršt* nach *firliərän*. In *šuənän* D. Pl.; *χiənän* D. Pl. wurde n eingeschoben nach dem Muster von Formen, deren Stamm mit n auslautet. Bei *mįnətwägän* etc. mag das Vorbild: *fon nītsətwägän* (mhd. von nitzit= nihtes niht wegen) gewesen sein.

Anmerkung 1. *χruglän*, Kugel, ist eine Kontomination. Die beiden Wörter, die eingewirkt haben, sind: *χuglän*, Kugel und *rugäl*, runder Gegenstand (vgl. Hunziker S. 212). Was den Anlass zur Epenthesis in *šruəffän*, (mhd. schuofe) Wasserschöpfer (vgl. Seiler S. 264) gegeben, ist unsicher.

Anmerkung 2. Fälle von Metathesis liegen vor in: *alsnän* (ahd. alansa), *χārtš*, Karst (vgl. über die Konsonantenumstellung alter und neuer Zeit die instruktive Studie von Winteler, Beiträge XIV. 455 ff.). Ob in *χeltšiblāww*, (zu mhd. kölsch, kölnesch), *hipsəlli* (mhd. hübeschlîche), *leəkšiloχt*, < *lang esloht, *inštərmänt*, Instrument, Umstellung oder Svarabhakti anzunehmen sei, steht dahin.

II. Besonderer Teil

---

a) Lautstand der Mundart B.

I. Die Vokale.

§ 42. Im Gegensatz zu den klangreichen ostschweizerischen Mundarten besitzt die Mundart eine geringe Zahl von Vokalen. Es fehlen ihr die Vermittlungsklangfarben ü, ö, sodann kennt sie, von der Quantität abgesehen, nur ein e, ein o, im Ganzen 8 einfache, mit dem reducirten ə 9 Vokale.

u, ụ̄, o, ō, a, ā, ä, ǟ, e, ē, i, ị̄,

ə.

Diphthonge: *ou, ei. uə, iə.*
Triphthonge: *uəị, iəị.*

1. Die einfachen Vokale.

§ 43. *u, ụ̄.*

u ist der kurze offene Laut und geht zurück auf:

1. mhd. u: *štud* (mhd. stud),
2. mhd. û (vor w): *buwwän* (mhd. bûwen).

ụ̄ ist der lange geschlossene und entspricht

1. mhd. û: *χrụ̄d* (mhd. chrût).
2. „ u in der Lautfolge n + Spir. (germ. k): *rụ̄ss* (mhd. runs), *trụ̄χän* (mhd. getrunken).

o, ō.

Die beiden Laute haben die gleiche mittlere Klangfarbe, welche zwischen dem französischen o in apôtre und dem in votre ami sich einreiht.

o entspricht mhd. o: *hol* (mhd. hol).
ō „ „ o: *wōrt* (mhd. wort).
ō „ „ ô: *brōd* (mhd. brôt).

§ 44. *a*, *ā*.

a bezeichnet einen Laut, der in der Mitte liegt zwischen dem Rafzer-a, das dem französischen in ami gleichgezetzt werden darf, und dem Glarner-a. Dies hat nach der Angabe Wintelers, und wie ich mich selbst habe überzeugen können, eine ganz leise o-Färbung, ohne sich jedoch mit dem stark o-haltigen *ā* vieler Mundarten zu konfundiren.

a ist mhd. a: *rad* (mhd. rad), *lam* (mhd. lam).
ā „ „ a: *šār* (mhd. schar).
ā „ „ â: *štān* (mhd. stân), *mān* (mhd. mâne).

Anmerkung. Der Nasalvokal *ā* liegt nur in einem Falle vor im Konj. Prät. *mālti*, *i mālti*, *miər māltin* (zu *maŋŋlän* mangeln). Aber auch da wird häufiger vom Nasalvokal Umgang genommen und gesprochen: *i maŋŋləti*.

§ 45. *ä*.

Dieser Laut ist gleich Wintelers-ä. Er ist offener als das französische è.

ä ist der Vertreter von
1. mhd. ë: *bär* (mhd. bër).
2. „ e (Umlaut): *hälsig* (mhd. helsinc).

§ 46. *ǟ*

ist die Entsprechung für
1. mhd. æ (Umlaut von â): *ǟdərli*.
2. „ e (Umlaut von a): *lǟrχän* (mhd. lerche).
3. „ ë: *χǟrdär* (mhd. chërder).

§ 47. *e*.

Dieser Vokal findet seine Stelle zwischen dem e, das wir in einigen Gegenden des Fricktales antreffen und dem *ę* der Gruppe KT.

Er geht zurück auf

1. mhd. e (Umlaut-e): *eltür*, *bletür*.
2. „ ë: *pflegün* (mhd. pflëgen).
3. „ ö: *gets* (mhd. götze).

§ 48. *ē*

entspricht

1. mhd. ê: *bēr* (mhd. bêr).
2. „ e: *tērrün* (mhd. derren).
3. „ ë: *χ̣ērtsün* (mhd. chërze).
4. „ œ: *brēd* (mhd. brœde).

§ 49. *i*

ist kurz und offen. Es entspricht

1. mhd. i: *birün* (mhd. bir).
2. „ ü: *brik* (mhd. brücke).
3. „ iu (vor w): *niw* (mhd. niuwe).

§ 50. *ị*

ist der geschlossene Laut und setzt fort

1. mhd. î: *bịstal* (mhd. bîstal).
2. „ iu: *hịffälli* (mhd. hiufelîn).
3. „ i in der Lautfolge n + Spirans (germ. k): *tsịs* (mhd. zins), *trịχ̣ün* (mhd. trinken).

2. *Diphthonge.*

ou.

§ 51. Auch hier hat o eine mittlere Klangfarbe. Der Doppellaut geht zurück auf

1. mhd. ou: *gouχ̣* (mhd. gouch).
2. „ a in der Lautfolge a + Spir. (germ. k) *souft* (mhd. sanft), *χ̣rouχ̣* (mhd. krank).

ei.

§ 52. Was vom ersten Komponenten des Diphthongen ou gilt, trifft auch bei ei zu. Einige Berner Mundarten, die sonst durchgängig mittleres e besitzen, weisen hier ę auf. Der Doppellaut setzt fort:

1. mhd. ei: *geis* (mhd. geiȝ).

2. „ ë / e } in der Lautfolge n + Spir. (germ. k): *pfeištär* (mhd. fenster), *heiχän* (mhd, henken).

3. Umlaut von ou.

§ 53. *uə.*

ist der Vertreter von mhd. uo. *buəb* (buobe), *šruəffän* (mhd. schuofe).

§ 54. *iə*

entspricht

1. mhd. ie: *biəšt* (mhd. biest).

2. „ î vor ht: *liəχt* (mhd. lîht).
   iu „ „ : *fiəχt* (mhd. viuhte).

3. Umlaut von altem uo.

4. ist entstanden durch Zusammenrückung von 2 durch h getrennten Vokalen. *wiənaχt* (mhd. wîhenaht), *biəl* (mhd. bühel).

3. *Triphthonge.*

§ 55. *uəį.*

Der letzte Teil des Triphthongen *uəį* ist ein geschlossenes i. Bei langsamem und nachdrücklichem Sprechen entsteht ein leises Reibegeräusch. Bei grosser Schwachtonigkeit ist das i offen und wird zu einem schnell verhallenden Laute.

§ 56. *iəį.*

Der erste Komponent ist offen, der letzte geschlossen. Es sind dies die einzigen Fälle, wo die Mundart *į* aufweist.

II. Konsonanten.

§ 57. Die Mundart besitzt folgende Konsonanten:

a) tonlose.

1. Verschlusslaute: Lenes *b*, *d*, *g*.
   Fortes *p*, *t*, *k*.

Geminatæ *p*, *t*, *k*.
Aspiratæ *ph*, *th*, *kh*.

2. Reibelaute: Lenes *f*, *s*, *š*, *χ*.
Fortes und Gem. *ff*, *ss*, *šš*, *χχ*.
Affrikatæ *pf*, *ts*, *tš*, *kχ*.

b) tönende.

1. Liquidæ: Lenes *l*, *r*.
Fortes und Gem. *ll*, *rr*.

2. Nasales: Lenes *m*, *n*, *ŋ*.
Fortes und Gem. mm, nn, *ŋŋ*.

3. Halbvokale: Lenes *w*, *j*.
Fortes und Gem. *ww*, *jj* (vgl. § 67).

1. Die tonlosen Verschlusslaute.

§ 58. Über die Stärkeabstufung zwischen den Lenes *b*, *d*, *g* und den Fortes *p*, *t*, *k* gilt das von Winteler Bemerkte (a. a. O. S. 37). Über die Intensitätsverstärkung alter Lenes, sowie Intensitätsverringerung alter Fortes vergl. das Kapitel über die Sandhierscheinungen (§ 17 ff.). Die Aspiraten kommen nur in komponirter Form vor. *phouptän* < behoupten.

§ 59. *2. Die tonlosen Reibelaute.*

In Übereinstimmung mit den übrigen Schweizer Dialekten weist die Mundart den labialen Reibelaut f und den spitzen Zischlaut s im freien Anlaut nur als Lenes auf. Inlautend treten dagegen beide Stärkegrade hervor. Im Auslaut steht bei Verbalformen regelmässig die Lenis. Bei Nominalformen ist das Gesetz durch Analogiewirkungen vielfach durchbrochen worden: *šweis* (mhd. sweiȥ), *heis* (mhd. heiȥ), aber *reiss* (mhd. reiȥ).

Anmerkung. f wird labio-dental gesprochen.

§ 60. *š und χ erscheinen anlautend nur als Fortes im Gegensatz zu fast sämtlichen Schweizer Dialekten.* Was von den zwei vorigen Spiranten bezüglich des Auslautes ist gesagt worden, gilt auch von diesen.

wiš, Imp. zu *wiššän* (mhd. wischen), *wäš*, Imp. zu *wäššän*, *tiš*, Tisch, aber *friš̌š*, *laχ*, Imp. zu *laχχän*, *briχ* zu *bräχχän*, *fräχχ* (mhd. vrëch).

Anmerkung. *š* wird mit gesenkter Zungenspitze artikulirt.

§ 61. χ hat nie palatale Artikulation wie im westlichen Teil des Berner Oberlandes. Dass wir in *briχ* einen andern Guttural haben als in *laχ*, liegt in der Natur der Sache, doch rückt die Artikulationsstelle nie an den harten Gaumen hinan.

3. *Die tönenden Konsonanten.*

a) Liquidae und Nasales.

§ 62. Die Sonorlaute l, r, m, n, welche in vielen Idiomen sonantische Funktionen übernehmen, werden in der Mundart B. nie sonantisch gebraucht. Man sagt also nicht: *himm̥l̥* oder *himl̥*, sondern: *himäl oder himəl.*

§ 63. l wird alveolar gebildet und hat nie u-Affektion.

§ 64. r ist gerolltes Zungenspitzen-r *und kommt im Gegensatz zu vielen Dialekten in beiden Stärkegraden vor: hēr*, *šwērrän*, *tērrän*, *wērrän.*

§ 65. n assimilirt sich dem gutturalen Explosivlaut nur, wenn dieser nachfolgt.

b) Halbvokale.

w, j.

§ 66. w ist labio-dental. Wie j wird es ohne Eigengeräusch gebildet und kommt *auslautend nur als Fortis vor*, wenn ein Vokal vorhergeht.

heww (mhd. höu), *χneww* (mhd. knie), *suww* (mhd. sû).

§ 67. Wie für w nehme ich auch für j eine Geminata-Artikulation an. Das Ausschlaggebende muss auch hier im Ab- und Zunehmen des Expirationsstromes liegen. So schreibe ich also: *əj jätətän* < *ən jätətän*, eine Schlägerei, habe jedoch nur, wo Assimilation vorliegt, diese Transskription angewandt.

b) Historische Entwicklung des Vokalismus.

I. Vokale der hochbetonten Silben.

α) Die einfachen Vokale und Diphthonge.

§ 68. *a.*

1. Mhd. a erscheint als *a* in:

ašpän (mhd. aspe) Espe, *grad* (mhd. gerade), *gand* (mhd. gant) Felsgerölle, *šadän* (mhd. schade), *šad*, als Adjektiv (mhd. schade), *wagän* (mhd. wagen) Wagen, *wagän* (mhd. wage) Wiege. Das mundartliche Wort steht zum neuhochdeutschen im Ablaut (vgl. altn. vaga), *wagän* (mhd. wagen) in der Wiege wiegen, *wadän* (mhd. wade), *anträn* (alth. antrôn) spöttisch nach ahmen, *aχχis* (got. akeits, lat. acetum) Milchessig, *χragän* (mhd. krage), *rad* (mhd. rad), *laffän* (mhd. laffen), vom Wassertrinken des Hundes gesagt, *ramän* (mhd. rame) Rahme, *madän* (mhd. made), *has* (mhd. hase), *gras* (mhd. gras), *šmalän* (alth. smaliha) Futtergras, *šalän* (mhd. schale) Schale, gemauertes Flussbett, *han* (mhd. hane), *kikəlhan*, in der gleichen Bedeutung gebraucht wie das vorige, *tal* (mhd. tal), *tsam* (mhd. zam), *lam* (mhd. lam), *malän* (mhd. maln) mahlen, in übertragener Bedeutung auch vom Essen gesagt; *dar* (mhd.

dar); *häb thand dar!* Halt die Hand her! *har* (mhd. har); *wā χū̦št du har?* Wo kommst du her? *rap* (mhd. rappe), *tsagäl* (mhd. zagel) ein länglicher Streifen Tuch, Papier etc., *šprannän* (< mhd. * sprange, Ablaut zu springen) Funken (vgl. Schmeller II. 705, *ts hand* (am Abend), wohl aus dem mhd. ze hant (vgl. Id. II. Sp. 1392).

2. Mhd. a > ou vor n + f, s, *š*, χ (germ. k).

a) *houf* (mhd. hanf), *houssət* < mhd. * hanfsât (vgl. Frommann VII. 361), *rouft* (mhd. ranft) kommt vor in *brodrouft*, Brodkruste, und ist auch der Name einer jähen Felswand am Brienzersee östlich des Giessbaches, *Rouft* genannt, *souft* (mhd. sanft).

b) *χoušt* (mhd. kanst 2. Sg. I.). In der 1. und 3. Person *χoun* rührt der Diphthong von analogischer Übertragung her. Neben *Hans* kommt auch der Name *Housi*, *Houssəlli* vor, *flousän*, Possen, zu mhd. vlans (vgl. Id. II. Sp. 1210). Über *flousän*, m. Schneeflocke, *χloussi*, grosses Stück, vgl. § 96.

c) *bouχ* (mhd. bank), *houbouχ*, Brett zum Hacken des Fleisches, *χrouχ* (mhd. krank) gebrechlich. Die alte Bedeutung des Wortes hat sich also in der Mundart noch erhalten, *siəχ* (mhd. siech) dagegen ist zum Schimpfwort herabgesunken und an dessen Stelle aus der Schriftsprache *χrankχ* getreten, *šwouχ* (mhd. swanc) Schwall, schwingende Bewegung, *trouχ* (mhd. tranc) ein warmer Abguss als Medikament für die Tiere, *kštouχ* (mhd. gestanc). Früher wird man statt *ankχän*, Butter, *ouχän* gesagt haben. Die Form mit geschwundenem n lebt noch fort in *ouχfeimm*, Schlacke, die beim Sieden der Butter zurückbleibt, *phouχt* wird von trübem, nebligem Wetter gesagt und geht auf * behanket, behängt, zurück (vgl. Stalder I. 146), *χreiχän*, den Schlitten an den Windungen der engen Wege vorsichtig lenken, passt sachlich gut zu mhd. rank < * wranc (vgl. ags. wrenc, engl. wrench, kann aber aus formellen Gründen nicht wohl damit in Beziehung gebracht werden. Das Etymon ist dunkel (vgl. Frommann VII. 346), *douχ* (mhd. danc) Dank, *χlouχ* (mhd. klanc) Klang. Diese zwei letzten Wörter sind in Brienz ausgestorben, leben aber noch im Oberhasli fort.

3. Mhd. a > *å*.

a) *sågän* (mhd. sage) Säge *sågi*, Sägemühle, *sågän* (mhd. sägen), *trågän* (mhd. tragen), *štåhäl* (mhd. stahel), *tåfəllän* (mhd. tavele), *tåfäl*, Getäfer; *štåfül*, Weidestation des Viehes auf den Bergen, kann nach den Gesetzen der Mundart sich nicht aus mhd. staffel herausgebildet haben (vgl. Bühler, W. D., S. 149, Stalder II. 389), sondern muss auf älteres *ståffel* (stâfel) zurückgehen.

b) *šår* (mhd. schar), *špår* (mhd. spare) Speerling, *wår* (mhd. ware) Ware, *fårän* (mhd. varn), *biwårän* (mhd. bewarn), *tswånän* (mhd. zwahen, twahen) besonders vom Waschen der Haare gesagt, *fånän* (mhd. vane), *sål* (mhd. sal), *tsål* (mhd. zal), *wål* (mhd. wal) Wahl.

c) *nårbän* (mhd. narwe) Narbe, *gårbän* (mhd. garwe), aber *farb* (mhd. varwe), *årt* (mhd. art) Art, *tsårt* (mhd. zart), *χårtän* (mhd. karte), *gårtän* (mhd. garte), *bård* (mhd. bart), *fårt* (mhd. vart) Fahrt, *hårts* (mhd. harz), aber *šwarts* (mhd. swarz), *årg* (mhd. arc) arg, *mårg* (mhd. marc) medulla, *mårχ* (mhd. marc) Grenze, aber *štarχ* (mhd. starc), *årm* (mhd. arm) arm, *šwårm* (mhd. swarm), *tårm* (mhd. darm), *wårm* (mhd. warm), *bårnän* (mhd. barne) Krippe, *wårnän* (mhd. warnen), *wåld* (mhd. walt), *χăld* (mhd. kalt), *băld* (mhd. balde), *gwăld* m. (mhd. gewalt), *făld* m. (mhd. valt) Falte, *ălt* (mhd. alt), *gălt* (mhd. galt) keine Milch gebend, *šmălts* (mhd. smalz), *hăldän* (mhd. halde), *sălts* (mhd. salz), *săltsän* (mhd. salzen).

Anmerkung. Die Quantität des a der betonten Partikel an— wird durch den Wandel des n nicht angetastet: *atuən* < antuon, *aŋgän*, < angân, *afän* < anfân, *asägän* < ansagen, *ašlăn* < anslân, *aχērrän* < ankêren, *allăn* < anlân etc. (vgl. § 81. 2, § 86. 1).

§ 69. Mhd. â ist in der Mundart *ā* geblieben: *mānäd* (mhd. mânet) Monat, *mān* (mhd. mâne) Mond, *štān*, *lān*, *gān*, *māli* (zu alth. gamâli) Bild, *mālibuəχ*, Bilderbuch, *ammāl* (alth. anamâlî) Wundmal (vgl. Stalder I. 100), *rāss* (zum alth. Adverb râȥo) schnell, adjektivisch und adverbiell, *nād* (mhd. nât), *wāg* (mhd. wâge), *štrāmmän* (zu mhd. strâm) schwarze Ziege mit weissen Flecken auf dem Kopfe, *štrālän* f. (mhd. strâle) Wetterstrahl und Bergkrystall, *hākän* m. (mhd. hâke) Haken, *jār*, *jārəllän*, Jahresring, *tsālän*, zielen, hat nichts zu tun mit alth. zâlôn, sondern steht im Ablautverhältnis zu alth. zilên.

§ 70. In drei einzigen Fällen entspricht einem mhd. â ein *ō*, *o* in der Mundart. Dies sind die Wörter *ōni* (mhd. âne), *mosän* m. (mhd. mâse) und *nō* (mhd. nâhe, nâ). *ōni* könnte einem frühern * ôniu gegenüber stehen. Wir hätten es also mit einer andern Ablautstufe zu tun. Der Umstand, dass der Vokal *ō* undiphthongirt erscheint, dürfte auf Accentverhältnisse zurückzuführen sein. Weniger plausibel ist die Annahme, welche * uniu zu Grunde legt. K. spricht mit seinem *uni* noch keineswegs für diese Hypothese, da ja diese Mundart die Tendenz hat, alte lange a vor n in u überzuführen und also das u in *uni* auch altem â entsprechen kann. Eine Entlehnung dieses so oft gebrauchten Wortes aus Mundarten, die altes â zu ō wandeln, scheint sehr unwahrscheinlich. Eher darf bei *mosän* an Einwirkung anderer Dialekte gedacht werden. Ob bei *nō* der Einfluss von *hō*, hoch, oder der eines Nachbardialektes vorliegt, ist schwer zu entscheiden. Neben *nō* lebt altes *nā* in der Bedeutung nachgerückt fort: *ər išt is nā*, er hat uns eingeholt, sodann kommt *ă* vor in *năχpūr*, Nachbar, *dər năgändər*, der 2. Nachfolgende, *ts nā māl*, *ts năgändər māl*, 2. mal.

Oben sind wir von der Voraussetzung ausgegangen, es sei in *ōni* die ô-Ablautstufe vorhanden. Ziehen wir indessen das Wort *aŋkfārt* (mhd. ân geværde) ohngefähr, heran, so fällt jene Vermutung dahin, und wir sehen uns, falls wir einen Einfluss seitens benachbarter Dialekte ablehnen, zu der Annahme hingedrängt, dass unter bestimmten Voraussetzungen das *ā* der Dialekte der *ā*-Zone, d. h. der Mundarten, welche altes *ā* der allgemeinen Regel gemäss bewahren, sich auch in *ō* gewandelt hat, und zwar wird sich dieser Wandel, wie aus dem Zeugnis eines Grenzdialektes unzweideutig hervorgeht, in unbetonter Stellung vollzogen haben. Wenn in *aŋkfārt* das *a* von keinem Qualitätswandel betroffen wurde, so wäre der Grund darin zu suchen, dass der Vokal zu viel Tongewicht besass, um in *o* überzugehen, allerdings auch zu wenig, um einer quantitativen Reduktion widerstehen zu können. Wir hätten also in obigen Beispielen die ersten Ansätze einer Norm, die anderswo weit um sich gegriffen, den leisen Wellenschlag eines Gesetzes, das anderwärts in einem beweglichen, auf Accentverhältnissen beruhenden Wechsel zwischen *ā* und *ō* sich manifestirt, in der Mundart B. jedoch, wenn es überhaupt auch einmal darin existirt hat, nicht lange lebendig gewesen ist. Eingehender werde ich mich in der Gruppirung der Schweizer Dialekte bei Besprechung der *ā-ō*-Linie über diesen Punkt verbreiten.

§ 71. Kürzung alter Länge liegt vor in:

madän (mhd. mât) Schwade. Bei folgenden Verkürzungen sind Accentverhältnisse im Spiel: *spaŋgriən* (mhd. spângrüen) Grünspan, *bramběri* (alth. brâmberi), aber *brâmərrän*, Brombeergesträuch, *han* (mhd. hân) haben, *χämətän* (mhd. kemenâte) kleineres Nebenzimmer, Schlafkammer, *aŋkfârt* (mhd. ân geværde) ohngefähr, *blag* zu mhd. plâge, lat. plāga, Aas, tritt verstärkend, wie beispielsweise zürcherisches *χäib*, vor Schimpfwörter: *blaghund*, *blagaff*. Die alte Quantität zeigt sich aber in *blāgän*, plagen, und in dem von der Schriftsprache beeinflussten *plāg*, Plage.

§ 72. *e*.

In den Schweizer Dialekten kann man, wenn der offene, breite ä-Laut mit eingerechnet wird, 4 e-Laute unterscheiden: *ä*, *ę*, *e*, *ẹ*. Die Mundart B. besitzt die beiden Klangfarben *ä*, *e*. Auf mhd. ë führt *ä* zurück, während *e* Umlaut von a ist. Über die beiden e-Laute (offen und geschlossen) ist schon viel geschrieben worden, so von Franck, Zeitschrift f. d. A. XXV. 218 ff., von Luick, Beiträge XI. 492, XIV. 127, von Kauffmann, ib. XIII. 393, und in seiner Geschichte der schwäbischen Mundart. Ferner sind Heusler und Bohnenberger dieser Frage näher getreten in Germ. Jahrg. 1889, S. 112 ff. und 194 ff. Voll von neuen Gesichtspunkten ist namentlich die Arbeit Heuslers. Bohnenberger gelangt zu ähnlichen Resultaten. Mit Recht macht er darauf aufmerksam, dass wir nach der Regel der umlauthindernden (verzögernden) Konsonanten *hęrbšt*, *hęrt* erwarten sollten. Über *merts*, März, lässt sich das Gleiche sagen. Diese Beispiele liefern den Beweis, dass die r-Verbindungen auf dem Gebiet des Oberdeutschen in der 1. Umlautsperiode nicht durchaus umlauthindernd waren. So ist es auch mit gewissen l-Verbindungen, z. B. ld, lt. Andere l-Verbindungen dagegen haben dem Umlaut grösseres Hindernis in den Weg gelegt. Sehr rätselhaft ist ferner das *e* in *heχt* (ahd. hahhit). Der gleichen Klangfarbe begegnen wir in Leerau (vgl. Hunziker, S. 125), Ryken, Baden, Zürich, Thurgau etc., während ę im Fricktal (Magden, Ober-Frick), Basel und anderwärts vorkommt. Der e-Laut ist um so problematischer, als das betreffende Beispiel zur Kategorie der isolirten Wörter gehört, welche den Gedanken an eine Beeinflussung durch andere Wortkategorien von vornherein zurückweisen, und wir ja doch bei allen übrigen Beispielen, die ausserhalb des Systemzwanges stehen, an Stelle des alten a in jener konsonantischen Nachbarschaft ein *ä* haben: *kšläχt* (ahd. gislahti), *kmäχχ* (ahd. gamahti) u. s. w.

Wenn auch bei *heχt* die Möglichkeit einer Einwirkung der Schriftsprache offen bleibt, so ist dies bei *merts* nicht der Fall. Trotz der trefflichen Arbeit Heuslers harren in der Umlautsfrage noch einige Rätsel der Lösung, und es bedarf namentlich die Regel von den umlauthindernden Konsonanten einer Revision. Völlig sichere Theorien können erst dann aufgestellt werden, wenn sämtliche moderne Dialekte des Oberdeutschen ganz genau untersucht worden sind. Im Folgenden gebe ich eine Statistik der umgelauteten a des Mittelhochdeutschen, die bald als *e*, bald als *ä* auftreten. Durchgängig begegnet in der Mundart B. e vor n-Verbindungen (vgl. Heusler a. a. O.).

§ 73. *e* als Umlaut von a erscheint in:

šterχär, Komp. zu *štarχ*, *šterχi*, Abstraktbildung zu *štarχ*. *šmelär*, Komp. zu *šmal*, *tsemär* zu *tsam* (mhd.

zam), *šwexxär* zu *šwaxx*, *šwexxi*, Schwäche, *ergär* zu arg, *ermär*, ärmer, *šwertsär*, schwärzer, *šwertsi*, Schwärze, *xeltär*, *xelti*. Kälte, *feltšär* zu *faltš*, *wermär*, wärmer, *wermi*. Wärme, *hert*, *əs hed mi hert khäbän*, es hat mir weh getan, *herti*. Härte, *bessär*, *leŋŋ*, lang, *leŋŋär*, länger, *leŋŋi*. Länge, *kleŋkän* (< * gilangjan) erreichen, *geŋŋ* (alth. gangi) immer, *weŋŋə*, Pl. zu *waŋŋ*, Halde, lok. Eigenname. *xreŋkxär*, Komp. zu *xraukx*, *eŋŋ*, eng, *entän* (ahd. anit) Ente, *štreŋŋ* (mhd. streng), *špreŋkän* (< * sprangjan), *teŋŋəllän* (mhd. tengeln) Sense durch Klopfen schärfen, *lentän*, landen, *lenti*, Landungsplatz, *tsend*, Zähne, *hend*. Hände, *gwendli*, Kleidung, *pfentän*, pfänden, *kšentän* (* gischandjan) wird von Ziegen gesagt, wenn sie in Gärten einbrechen und Verheerungen anrichten, *wentän* (wandjan) das gemähte Gras umwenden, *mentš* (alth. mannisco). — *redär*, Räder, *bedär*, Bäder, *grebär*, Gräber, *gresär*, Gräser, *glesär*, Gläser, *telär*, Täler, *bletär*, Blätter, *bendär*, Bänder, streifartige Stücke Land, *sekxli* (ahd. sechilî), *gresli*, *tregär* (ahd. tragari), *šlegär* (ahd. slagari), *weš*, Wäsche, *weš̌hūs*, Waschhaus, *wešwīb*, Wascherin, *eš* (ahd. ask) Esche, *gešt*, Gäste, *ešt*, Äste, *šleg* (ahd. slegi), *sets* (ahd. sezzi), *heg*, Pl. von hag, *štekxän* (mhd. stecken), *šmekxän* (mhd. smecken), *tsellän* (mhd. zellen), *wellän* (mhd. wellen) wollen (vgl. Beiträge IX. 563), *heltän* (haldjan), *tsetän* (mhd. zetten) Heuschober zerstreuen, *šmeltsän* (mhd. smelzen), *wetsän* (mhd. wezzen), *heftän* (mhd. heften), *šepfän* (mhd. schepfen), *meštän*, mästen, *šnertsän* (zu mhd. snarz) hart anfahren, schelten, *hemli*, Hemd, *fremd* (ahd. fremidi), *fešt* (ahd. festi), fest, *epfül* (ahd. ephil), *kfel* (ahd. givelli) Glück, *nets* (ahd. nezzi), *hefti*, Messerheft, *bet* (ahd. betti), *ek* (mhd. ecke), *tswelf* (g. twalif) zwölf, *herbšt* (ags. harfest) Herbst, *merts*, l. martius, März, *bekx* (mhd. becke) Bäcker, *nesslän* (ahd. neȥȥila), *pflegäl* (mlt. flagellum), *χeti* (ahd. χetinna, lat. catena), *χebi* (ahd. chefja, lat. cavea), *blegär*, zu blag, Schimpfwort (vgl. § 71).

§ 74. Umlauts-e, sowie Brechungs-ë sind vor n + Spirans diphthongirt worden: *meiššän*, *meiššli*, junges Rind < mense < manse (vgl. Frommann VII. 35), *treiχän* (mhd. trenken) tränken, *treiχi*, Tränke, *uf əim ts treiχi rịtän*, jemandem arg zusetzen, nachstellen, *šweiχän* (mhd. swenken), *wilweiχig*, unstät, flatterhaft, zu mhd. wenken, *erreiχän* < * errenken, zu mhd. verrenken, *heiχän* (mhd. henken) hängen, *teiχän* (mhd. denken), *šeiχäl* (mhd. schenkel), *gross kšeiχlät*, grosse Schenkel habend, *šeiχän* (mhd. schenken), *wịn išeiχän*, Wein einschenken. Das genannte *šeiχäl* steht im Ablaut zu nhd. Schinken, das im Berner Mittelland als *šeiχə* auftritt und in unserer Mundart *šịχän* lauten müsste (vgl. § 117).

§ 75. Dehnung findet sich sehr selten. Sie ist eingetreten in:

bēri (ahd. beri) Beere, *mēr* (ahd. meri) Meer, *ēlend* (ahd. elilenti), *šwērän* und *šwērrän* (ahd. swerien), *wērrän* (g. warjan) sich schützen, *wēri* (ahd. weri) Schutzwehr bei Bächen, *wērənän*, Schutzwehren herstellen, *kwēr* n. (mhd. gewer) Waffe, *špērrig* (wenn zu mhd. sperric widerstrebend) steife, müde Glieder habend, *ērb* (mhd. erbe), *ērbän*, erben, *firdērbän* (mhd. verderben), *ēllän* (got. aljanôn), *šērtän* (zu ahd. hartin) Schulterblatt, *gērtäl* (ahd. gertari).

§ 76. Umlaut des a erscheint als *ä* und *ā̈*.

1. Wir haben *ä* in *häls*, Pl. von hals, *hälblig* (mhd. helbling), *hälsig* (mhd. helsinc), *bläts* (ahd. plez, vgl. Schmeller I. 464), *dräkχ* (mhd. drec), *wäššän* (mhd. waschen), *äššän* (mhd. asche) Asche, *pläss* (mhd. blasse) langer, weisser Streifen an der Stirn der Tiere (Kühe,

Ziegen), auch Name des Tieres selbst; *täššän*, Tasche, *flässän*, Flasche, *lätš*, zu ital. laccio, Schlinge, *gärbän* (ahd. garawen) gerben, *färbän* (mhd. varwen), *bälg* Pl. (ahd. balgi), *näχti* (ahd. nahtim) vergangene Nacht. *špärbär* (ahd. sparwari) Sperber, *χämətän* (mhd. kemenâte, l. caminata) Nebenkammer, *fägän* (mhd. vegen) fegen, zu got. fagrs, *nägäl*, Pl. von *nagäl*, *nägəlli* (mhd. negelîn) Nelke, *wägän*, Pl. zu *wagän*, Wagen, *märän* (ahd. meriha, marha) Mähre, *tswähəllän* (ahd. dwahila), *näpär* (mhd. nageber) Bohrer, *mässär* (mhd. messer), *šnäk* (mhd. snecke), *äni* (mhd. ane), gewöhnlich mit *grösmuətär*, *grösat* verbunden, *dämpfän* (mhd. dempfen), *štämpfäl* (mhd. stempfel), *wäχtär* (ahd. wahtari), *kmäχχ* (ahd. gamahti), *kšläχt* (ahd. gaslahti), *bäχχ* (ahd. behhi), *šäft*, Schränke, *χäpsli*, Zündhütchen, zu lat. capsa, *χänel* (ahd. chanali), *lämpli*, kleine Lampe, *jänər* (mhd. jener, jenner, lat. januarius), *si šämän* (mhd. schemen) sich schämen, *flännän* (mhd. vlennen, zu ahd. flannên) weinen, *tsämän* (mhd. zesamene).

2. Gedehnt ist *ä* in: *ǟhri* (ahd. ahir) Ähre, *gǟrtän*, Pl. zu *gārtän* (ahd. garto), *ǟrbətän* (zu Arbeit), *in ǟrbətän gān* heisst: etwas vor haben (vgl. Id. Bd. I. 422). Es kommen hier namentlich die Fälle der Dehnungen vor l- und r-Verbindungen in Betracht: *wǟld*, Wälder, *bǟrt*, Bärte u. s. w. Eine auffällige Dehnung zeigt sich in *fǟššän* (zu got. faski, lat. fascia) kleine Kinder nach alter Sitte fest einwickeln (vgl. Id. Bd. 1, 1097, ferner § 103).

§ 77. Altes â, das erst spät umlautete, setzt sich fort als *ǟ*:

1. *šǟri* (mhd. schære), *ǟdərli* (mhd. âderlîn), *tsǟi* (mhd. zæhe, ahd. zâhi) zähe, *rǟss* (mhd. ræȥe, ahd. râȥi) scharf, daneben steht das Adverb *rass*, schnell. *χǟs* (lat. caseus), *rǟtäχ* (ahd. râtih, l. radix), *lǟr*, (mhd. lære),

māri (mhd. mære) Erzählung, *rātsäl* (mhd. râtsal, rætsel), *špātär* Komp. zu *špāt*, *špāti*, unfruchtbare, trockene Wiese, bei der die Heuernte später erfolgt. *wākän* < wagjan, wägen, *māndig* < *mânintag, *wān* (mhd. wære, ahd. wâri) wäre, *usiχlāftərrän*, die Arme seitwärts ausstrecken (zu mhd. klâfter), *māijän* (mhd. mæjen), *bāijän* (mhd. bæhen), *blāijän* (mhd. blæhen). Dazu gehört eine alte Participialbildung *plāt*, aufgedunsen, entsprechend der lat. auf tus. *trāijän* (mhd. dræhen), *šrāijän* (mhd. schræjen), *gāi* (mhd. gæhe) jähzornig, *gāiji*, Jähzorn, *blāwwi*, (mhd. blæwe), *irbrāwwän* (mhd. *erbræwen). *är tuəd si nid irbrāwwän*, er scheut sich nicht, er macht sich keine Skrupel über etwas (vgl. das frz. sourciller).

2. Gekürzt ist das æ in:

šwär Komp. *šwärrər*, *firnäm* (mhd. vürnæme), *gäbig* (mhd. gæbig) bequem, *sälig* (mhd. sælig).

§ 78. Auffallend sind *lëwu* (ahd. lâo) lau und *nëhi* (mhd. næhe) Nähe. Mit dem letztern Wort ist das in § 70 Gesagte zu vergleichen.

§ 79. Mhd. ë.

1. Wir haben *ä* in; *äbän* (mhd. ëben), *näbän*, *wäbän* (mhd. wëben), *šwäbäl* (mhd. swëbel), *läbän* (mhd. lëben), *läbrän* (mhd. lëber), *lädär* (mhd. lëder), *tägäl* (mhd. tëgel) Öllämpchen mit hölzernem Fuss, *šwäglän* (mhd. swëgele) Flöte, *rägän* (mhd. rëgen) Regen, *štäg* (mhd. stëc) Steg, *štägän* (mhd. stëge) Stiege, *wäg* (mhd. wëc) Weg, *sägəsän* (ahd. sëgensa) Sense, *bräd* (mhd. brët), *wätär* (mhd. wëter), *brätän* (mhd. brëtten) Hutten flechten, *wäfäl* (mhd. wëfel) Einschlag beim Gewebe, *χäfär* (mhd. këvere). Unsicher bleibt die Etymologie von *läts*, verkehrt. Mit mhd. lërz kann es nicht wohl zusammenhangen, da r in dieser Stellung nicht schwindet. Ein Zusammenhang mit as. lat, ahd. lezzi ist nicht

undenkbar (vgl. *fätsän* mhd. vetze zu mhd. vaʒʒen). *I ha(n) läts*, ich habe Unrecht. *tsähän* (mhd. zëhen), *χäχχ* (mhd. kücke), *tsäχχ* (mhd. zëch), *läftskän* (mhd. lëfse) Lippe, *štäftskär* (vgl. Schmeller II. 737) eiserne Spitze eines Stockes (zu mhd. stëft), *šläkχän* (mhd. slücken), *firläχχnän* (zu mhd. lëchen) wird von hölzernen Gefässen gesagt, die vor Trockenheit auseinandergehen, *sächs* (mhd. sëhs), *kjädän* (zu mhd. jëtten), *kjäd*, Unkraut.

fräχχ (mhd. vrëch), *fäχtän* (mhd. vëchten), *štäχχän*. (mhd. stëchen), *gräχ* (mhd. gerëch), *fäkχän* (mhd. vëtache) Flügel *räkχholdär* (mhd. wëcholter), *sälbär* (zu mhd. sëlp), *gälb* (mhd. gëlb), *älb* (mhd. ël), *hälffän* (mhd. hëlfen), *mälχän* (mhd. mëlchen), *näšt* (mhd. nëst), *räχt* (mhd. rëht), *šläχt* (mhd. slëht), *šär* (mhd. scher), *bär* mhd. bër), *šmär* (mhd. smër), *där* (mhd. dër), *är* (mhd. ër), *mäl* (mhd. mël), *nän* (mhd. nëmen), *gän* (mhd. gëben), *χlänän* (mhd. klënen) klettern, *χlän*, Baumläufer, *änst* (mhd. ënent), *stwärrän* (zu mhd. wërren), entwirren. Die Form *räsäl*, Riesel, geht auf mhd. *rësel zurück.

2. Mhd. ë wird diphthongirt in: *pfeištär* (mhd. vënster).

3. Dehnung liegt vor in: *šārbän* (mhd. scherbe), *štārbän* (mhd. stërben), *wārbän* (mhd. wërben), *firdārbän* (mhd. verdërben), *hārd* (ahd. hërd) Erde, humus, *wārdän* (mhd. wërden), *χārdär* (mhd. kërder) Regenwurm, *šmārts* (mhd. smërze), *hārts* (mhd. hërze), *bārg* (mhd. bërc), *tswārg* (mhd. getwërc), *wārχ* (mhd. wërc), *wārχän* (mhd. wërken) arbeiten, *štārnän* (mhd. stërne), *trāmmäl* (mhd. drëmel), *sāltsän*, Adj. (mhd. sëltsæne), *hārtsäl* (zu mhd. schërzel, vgl. *šērtän*, § 75) Eigentumsrecht an dem über die Grenze fallenden Obst. Ganz gegen alle Dehnungsgesetze der Mundart verhält sich *kšprāglät*, wenn es zu mhd. sprëkeleht gestellt werden soll (vgl. Schmeller II. 700, Hunziker 248).

4. Mhd. ë setzt sich als *e* fort (vgl. Franck, Z. f. d. A. XXV). *epär* (mhd. ëtewer) jemand, *epis* (ëtewaz), etwas, *tsedäl* (mhd. zëdele), *pflegän* (mhd. pflëgen), *šwestär* (mhd. swëster), *geštär* (mhd. gëster), *fešt* (l. festum) Fest, *seštär* (mhd. sëster, l. sextarius), *dešta* (mhd. dëste), *des* (mhd. dës) *des järs*, in jenem Jahr, *pelts* (mhd. bëlliz) Pelz, *felsän* (mhd. vëlse) Felsen, *šelm* (mhd. schëlme), Schelm, *wela* (mhd. wëlîcher), *ksēn* sehen und gesehen, *kšēn*, geschehen (vgl. Kauffmann, Geschichte der schwäb. Mundart, S. 59, und Beiträge XIII, 163, Luick, Beiträge XI. 495).

5. Das Nebeneinander von gebrochenem *e* und *i* wird illustrirt durch folgende Beispiele: *südäl* (mhd. sëdel) Hühnersitz, gegenüber zürch. *sidəlә*, Stuhl, *šidəllän*, neben nhd. Schädel, *kšprägläi* neben *kšpriklät* (vgl. Hunziker, 248), *an dər lenkän* (ahd. lencha) an der linken Hand gegenüber *link*, *räsäl*, Riesel, *lidig*. (mhd. ledig), *šnirpfän* (mhd. snërfen), *šnitslän*, *šnätsän*, *brid*, *brüd*.

§ 80. Mhd. ê < germ. ai vor h, r, w erscheint als *ē*: *χ̣ēr* m. (mhd. kêr) Teil eines Zickzackweges. Das Wort wird auch auf die Zeit angewandt und heisst eine Zeit lang; *i χ̣ēr χon*, sich in etwas zurecht finden, *irχ̣ērrän*, jemand zurückbringen, *üsχ̣ērrän*, lärmen, toben, *bēr* (mhd. bêr) männliches Schwein, *sēr* (mhd. sêr) wird gesagt von Gliedern, an denen man leichte Schmerzen empfindet, *lēr* (mhd. lêre), *mē* (mhd. mêr, mê), *ēr* (êre) Ehre, *tswēn* (mhd. zwêne), *wēnig* (mhd. wênic), *rē* (mhd. rê), *ē* (mhd. ê), *sēl* (mhd. sêle), *ēršt* (mhd. êrst) vorhin, *am ēršt*, in gleicher Bedeutung gebraucht, *ēršti* (mhd. êrste) Anfang.

Anmerkung. Eine merkwürdige Ausnahme bildet der Übergang des ê in *ā*: *rārän* (mhd. rêren) weinen.

§ 81. *i*.

1. Mhd. i ist als *i* erhalten:

birän (mhd. bir) Birne, *χilbär* (mhd. kilbere) junger Widder, *štil* (mhd. stil) Stiel, Schwanz der Tiere, *špil* (mhd. spil), *fil* (mhd. vil), *tsil* (mhd. zil), *χifäl* (mhd. kivel) Kiefer, im Ablautsverhältnis hiezu steht *χaflän*, zanken, widerreden (vgl. alts. kafl), *dikχ*, *dikχišt*, zuweilen (mhd. dicke), *dits* (alth. diz, mhd. ditze), *dies*, *tili*, Heuboden im hinteren Teil des Hauses, *ruəsstili*, Estrich. Das Wort kann nicht auf alth. dillo zurückgehen, weil die Mundart altes l nicht vereinfacht. Es ist zu * dilī (tilī) zu stellen. *hilwi* (mhd. hilwe) feiner Wolkenstreifen, *hirni* (mhd. hirne), *ripi* (mhd. rippe), *timär*, düster, wird vom Himmel gesagt, wenn er durch feine Wolken getrübt ist. Dem Wort liegt eher mhd. timel als timmer zu Grunde, *hirts* (mhd. hirz), *gitsi* (mhd. kitze), *kwiχt*, Gewicht, *kwiχti* (mhd. gewichte) Gewicht, Gewichtsteine. *štiglän*, in andern Schweizer Mundarten *štaklän* (nhd. stottern), muss wohl zu *štag* steif, in Beziehung gesetzt werden, *štiglän* würde demnach so viel bedeuten wie: mit steifer Zunge reden; *štigli*, Stotterer (vgl. Tobler, 406, Hunziker, 249), *risətän*, Felsgeröll, zu *rįsän*, *irrinnän*, alth. irrinnan, vom Keimen der Pflanzen gesagt, *glismän* (mhd. gelismen), *klirnig* (mhd. gelirnic), *lits* m. (mhd. litze) umgelegter Teil eines Kleidungsstückes, *umlitsän*, ein Blatt im Buche wenden, *uəhilitsän*, aufschürzen, *firlitsän*, die Stelle im Buche verlieren (mhd. litzen, zu frz. lice, mlt. licium), *litsän*, mit Behaglichkeit und Freude geniessen (mhd. litzen), *gritän*, die Beine auseinander spreizen (mhd. griten), *griti*, ein kleiner Mensch, *gritəllän*, Gabelung der Beine, Äste etc., *trid* (mhd. trit), *šrid* (mhd. schrit), *ridəllän*, Zittern der Stimme (mhd. rideren), *šitär*, mager, dünn (mhd. schiter).

2. Mhd. i vor n + Spir. wird gedehnt unter Ausfall des n.

fịštär (mhd. vinster), *fịštri* (mhd. vinsterî), *trịssän* (zu älterem trinsen, vgl. Frommann VII. 209) wird von den Kühen gesagt, wenn sie Nahrung verlangen, *trịχän* (mhd. trinken), *štịχän* (mhd. stinken), *wịχäl* (mhd. winkel), *wịχlän, är hed nän in ekə kwịχläd*, in die Ecke geschoben, *trịχlän*, zu älterem *trinkle*, kleine Glocken der Ziegen und Schafe (vgl. Frommann VII. 23), *wịχän* (mhd. winken) kommt in Brienzwyler vor, in B. jedoch nicht mehr, hiefür verwendet die Mundart *tịtän* (mhd. diuten), *wịχəlmäs*, Winkelmass, mhd. hinken müsste *hịχän* ergeben; statt dessen gebraucht die Mundart eine Ableitung von lam, nämlich *lamätšän*.

Anmerkung 1. In Folge von Accentverhältnissen ist î von ahd. îsila < lat. insula in dem lokalen Eigennamen *Isəltwäld*, Ortschaft am Brienzersee, gekürzt worden und hat offene Klangfarbe angenommen.

Anmerkung 2. i in der betonten Partikel in— bewahrt unabhängig vom Schicksal des n seine Quantität: *ituən* < intuon *iŋgän* < ingân, *ifän* < infân, *išlän* < inslân. *iχërrän*, < inkêren, *illän* < inlân etc. (vgl. § 86, 1).

§ 82. 1. Mhd. î bleibt ị:

a) *bịštal* (mhd. bîstal) Türpfosten, *bịsän* (mhd. bîsen) vom Davonrennen des Viehes gesagt (vgl. Bühler, W. D. S. 8), *flịmmän* (nhd. werfen), *flịššän*, die Wäsche im Wasser herumschwingen (vgl. Id. 1225), *šịd* (mhd. schît), *nịd* (mhd. nît), *χịdän* (mhd. kîde), *štrịt* (mhd. strît), *tsịssli* (mh. zîselîn), *ịš* (mhd. îs), *ịššän*, Eiszapfen, *rịsän* (mhd. rîsen), *rịs*, grosses Holzgestell mit einem Kanal, durch welchen das gefällte Holz der Tiefe zu getrieben wird, *šịnnän* (mhd. schînen), *šwịnnän* (mhd. swînen), *lịmmän* (mhd. lîmen, alth. lîmjan), *lịmm* (mhd. lîm), *χlịnn* (mhd. klîne), *χlịnnän*, kleiner werden, *χịmmän* (mhd. kîme), *štịff* (mhd. stîf) fein, zierlich, vgl. Tobler, 239, Hunziker, 245, *grịnän* (mhd. grînen), *špịr* (mhd. spîre) Spirschwalbe, *rịtän*, im Sinne von reiten und fahren gebraucht, *štrịmmän* (mhd. strîme) *rịəni* Pl. (mhd. rîhe) Anfälle bei einer Krankheit, *hịrāt* (mhd. hîrât).

b) im Hiatus:

šnịjän (mhd. snîen), *ị* (mhd. îwe), *khịjän* (mhd. gehîen), *blị*, *brị*, *drị*, *bịji* (mhd. bîe), *mịjäl* (vom it. miolo, mlt. mediolus) Schoppenglas, *wị* (mhd. wî) Weih, *tswịjän* (mhd. zwîen), *kšwịjän* (mhd. geschwîe) Schwägerin, *wịjär* (mhd. wîer) Weiher, *šịjän* (mhd. schîe) Pfahl, *frị*, *frịji* nhd. Weite, Freiheit, *Marị* (mhd. Marîe), *χindərị*, *špinnərị*, nhd. Spinnerei.

2. Mhd. î > *iə*:

a) vor h + Vokal.
fiəlän (alth. fîhala), *biəl* (mhd. bîhel), *wiənaχt* (mhd. wîhenaht).

b) vor h + Konsonant.
liəχt (mhd. lîhte), *tiəχslän* (mhd. dîhsel).

Anmerkung. î vor h ist gekürzt worden in *filiχt* (mhd. villîhte).

Während also die Mundart B. in allen diesen Fällen den Diphthong *iə* aufweist, bieten andere Schweizer Mundarten, z. B. Magden (Fricktal):

a) *ị* in *fịlə*, *lịχt*, b) *iə* in *wiənęχt*, *diəχslə*.

c) *ei* in *beiəl* (vgl. Heusler Alem. Kons. 81).

3. Mhd. î ist gekürzt worden vor w: *χliuwän* (mhd. klîwe) Kleie (vgl. u + w, § 88), ferner haben wir Verkürzung in *find* (mhd. vîant), *hina* (mhd. hîr aht).

§ 83. *o.*

1. Mhd. o erscheint als *o* in:

bodän (mhd. bodem), *bot* (mhd. bote), *broχslän* (mhd. brohseln), *tšteina tien losbroχslän*, die Steine ziehen tosend davon, *χolän* (mhd. kol), *alli pot* (mhd. al bot) jeden Augenblick, *šoχχän* (mhd. schoche), *bsogän*, Part. Prät. eingeholt (mhd. bezogen), *obs* (mhd. obeȥ), *χodär*, Schleim der Brust, *χodrän* (mhd. kodern), *tonän*, einen dumpfen Ton von sich geben (zu mhd. donen), *tonoχt*, dumpf tönend (mhd. * donoht), *tondär* (mhd. doner), *gotän* (mhd. gotte), *hol* (mhd. hol), *holdär* (mhd. holder), *mokχän* (mhd. mocke), *nollän* (mhd. nol) Hügel oder runder Vorsprung eines Gebirges, *old* (mhd. olde) oder, *holän* (ahd. * hola) Höhle, *lokχän* m. (mhd. loc) Haarlocke, *tolän* (mhd. doln), *och* (mhd. och, ouch), *ronän* m. (mhd. rone) Baumstumpf, *ros* (mhd. ros), *toll* (mhd. *tol*) stattlich (vgl. Stalder I. 289), *top*, feucht, von dunkler Herkunft, *toldän* m. (mhd. tolde), *wol* (mhd. wol).

2. In folgenden Fällen entspricht mhd. o einem *u* der Mundart:

ksugän (mhd. gesogen), *ksuffän* (mhd. gesoffen), *kfluən* (mhd. geflohen). Es liegt hier eine Einwirkung der Part. Prät. von *riwwän*, *χiwwän* vor.

3. Ich führe ferner noch einige Fälle an, in denen einem mhd. o ein *u* der Mundart gegenübersteht.

hunnə (mhd. honec) Honig, *furt* (mhd. vort), *tupf* (topfe) Punkt (vgl. Stalder I. 327, Schmeller I. 615, Hunziker 65), *wulχän* (mhd. wolke), *wuχχän* (mhd. woche).

Anmerkung. Das Nebeneinander o : u der heutigen Mundart haben wir in: *tsokχän* (mhd. zocken), *tsikχän* (mhd. zücken, zucken), *holän* (Vertiefung), *huli*, Bett, *lokəllän*, lose sein, *loklän*, in schlaffer Haltung davon gehen, *luk* (mhd. lugge) locker, *χlopfän*, *χlupf* (mhd. klupf) Schreken, *uχlupfig*, furchtlos.

4. Romanisches o ist in *u* übergegangen: *kuntän*, compte, *kχabút*, capot, *kχabút*, capote, *kufrän*, coffre, *kχupəllän*, copula, Schar.

Anmerkung. Eine sonderbare Diphthongirung liegt vor in *χroušpəllän* (mhd. krospel) Knorpel (vgl. *χlousei* § 96, 1).

5. Mhd. o hat Dehnung erfahren

a) in r-Verbindungen:

χōrb (mhd. korb), *bōrt* (mhd. bort), *ōrt* (mhd. ort), *sōrg* (mhd. sorge), *dōrf* (mhd. dorf), *ən dōrf han* = ein Gespräch mit Jemandem führen (vgl. Tobler, Ethnographische Gesichtspunkte, S. 25), *bōrän* (mhd. born), *dōrnän* (mhd. dorn), *hōrän* (mhd. horn), *hōrnig* (mhd. hornung), *χōrän* (mhd. korn, *mōrän* (mhd. morn), *nōrän* (mhd. norn) wühlen, *ōrdəlli* (mhd. ordenlîche), *tōrrän* (mhd. dorren), *špōrän* (mhd. sporn), *kfrōrän* P. P. (mhd. gevrorn), *fōrnän* (alth. vorhena) Forelle, *hōrig*, Schlitten mit hornartig aufwärts gekrümmten Stangen, bei welchen der Schlitten gefasst wird (wohl zu *hōrän* gehörig), *undər ən hōrig χon* wird von einem Ehemann gesagt, dem ein Kind geboren worden.

Ein einziges Wort, welches die Dehnung in gedachter Stellung nicht aufweist, ist *morgän* in der Bedeutung des lat. mane, *ts morgän*, das Mittagessen. *weid ər na ts morgän?* Wollt ihr zum Mittagessen gehen?

Anmerkung. In *hōland*, Holland, beruht die Dehnung auf volksetymologischer Anknüpfung an das Adjektiv *hō*, hoch.

b) vor auslautendem r in:

kšpōr (mhd. gespor), *fōr* (mhd. vor). Mhd. o ist ferner gelängt worden in *brōsmän* (mhd. broseme), in *wōnän* (mhd. wonen), *wōnig* (mhd. wonunge). Bei den zwei letzten Wörtern kann schriftsprachlicher Einfluss im Spiele sein, ächt mundartlich sind: *ts hụs sịn* für nhd. wohnen und *phụsig*, *phụsigli* für Wohnung.

§ 84. Mhd. ô liegt vor in:

ambōs (mhd. anebôʒ), *bōnän* (mhd. bône), *tōn* (mhd. dôn), *tōssän* (mhd. dôsen), *brōd* (mhd. brôt), *flōs* (mhd. flôʒ), *grōss* (mhd. grôʒ), *hōχ*, *hō* (mhd. hôch), *tōn* (mhd. tôn), *mōrän* (mhd. môre) Sau, *sōrän* (mhd. sôren = trocken werden) langsam dahinsterben, die Schwindsucht haben, *rōt* (mhd. rôt), *šōs* (mhd. schôʒ), *los* (mhd. lôʒ), *lōssän* (mhd. lôʒen), *är lōssət imm nịd guəts*, er prophezeit ihm nichts Gutes, *tọd* (mhd. tôt), *tswō* (mhd. zwô). In dem Worte *ōsän* Sg. m. Eifer, Fleiss, dürfte sich altes ô, got. au, fortsetzen. Es kann mit got. ausô zusammengestellt werden. Es stünde im grammatischen Wechsel zu mhd. ôre und müsste auf die Accentuation a'usô zurückweisen. So viel ich sehe, liegen dieser etymologischen Herleitung weder sprachliche, noch sachliche Schwierigkeiten im Wege. (Anders schweiz. Idiotikon I. 548).

§ 85. Verkürzungen treffen wir in:

sod (mhd. sôt) Ziehbrunnen, *ksod*, (zu mhd. *gesot), Absud für die Schweine, *χosi*, grosse Sache (zu ahd. chôsa, l. causa).

§ 86. *u*.

1. Mhd. u setzt sich als *u* fort:

blut (mhd. blut) nackt, *puff* (mhd. buf) Stoss, *lugi* (ahd. lugî), *χlupf* (mhd. klupf) Schrecken, *uχlupfig*, unerschrocken, *trukχän* (vgl. mhd. truhe) Schachtel, Kiste, *gugäl* (mhd. gugel), *huff* (mhd. huf) Hüfte.

nu (mhd. nu = jetzt) letzthin, *nu firgannän*, letzthin. Das Wort *nu* hat seine Bedeutung wohl unter dem Einfluss des zweiten Ausdrucks gewandelt. *χušt* (mhd. kust) Geschmack, *sušt* (mhd. suste, zu ital. susta,

Niederlagsgebäude, *rufän* (mhd. ruf) Schorf, *štud* (mhd. stud) Stütze, Säule, *wuχχän* (mhd. wuche, woche), *nus* (mhd. nuȥ), *sušt* (mhd. sus) sonst, *fuχs* (mhd. fuhs), *šurts* (mhd. schurz), *wurm* (mhd. wurm). Ich erwähne ferner mit *u*: *budäl*, niedriger Ausdruck für Bauch, *budlän*, rasch und unmässig trinken, *irbudlän*, ertrinken (zu ital. budello).

Anmerkung 1. Das *u* der betonten Partikel *un* behält seine Quantität stets bei: *uflād* (mhd. unflât), *uŋgārän*, ungern, *uŋglikχ*, Unglück (vgl. § 81, 2).

Anmerkung 2. Der Übergang des *u* in *uə* bei dem Worte *Ruəssland* ist auf volksetymologische Umdeutung zurückzuführen.

2. Mhd. u > ų̄ vor n + Spirans, das n schwindet.

a) vor n + f: *firnų̄ft*, Vernunft, *ufirnų̄ft*, Unvernunft sind in Brienz im Aussterben.

b) vor n + s (*š*):

firgų̄št (mhd. vergunst), *du χų̄št* < **kunst* nhd. du kommst, *χų̄št* (mhd. kunst) schwierige Sache. In *χunšt*, Ofensitz, das ebenfalls auf mhd. kunst zurückgeht (vgl. Staub, Frommann Bd. VII. 201), sind die alten Verhältnisse gewährt, *rų̄ss* (mhd. runs) ausgetrocknetes Strombett, *dər ālt Ārrų̄ss*, das alte Bett der Aare. Wenn in dem Adverb *ussän* (nhd. unterdessen), das wohl mit mhd. unze in Beziehung gesetzt werden darf, nicht langes u erscheint, so muss dieser Umstand auf Rechnung der Schwachtonigkeit, in welcher das Wort auftritt, gesetzt werden.

c) vor n + χ (germ. k):

trų̄χän (mhd. getrunken), *kštų̄χän* (mhd. gestunken), *χų̄χlän*, nhd. Kunkel zu mlt. conucula, *tų̄χäl* (mhd. dunkel), *tų̄χlän*, dunkel werden.

§ 87. Mhd û ist ų̄ geblieben:

χrų̄d (mhd. krût), *hų̄ffän* (mhd. hûfe), *rų̄ssän* (mhd. rûȥen), *sų̄ffän* (mhd. sûfen), *jų̄tsän* (mhd. juchezen), *χṵ̈χän* (mhd. kûchen), *tṵ̈bän* (mhd. tûbe), *štṵ̈dän* (mhd. stûde), *sṵ̈gän* (mhd. sûgen), *hṵ̈s* (mhd. hûs), *sṵ̈mmän* (mhd. sûmen), *šṵ̈mmän* (mhd. schûmen), *lṵ̈nän* (mhd. lûne), *tṵ̈mmän* (mhd. dûme), *štṵ̈nän* (mhd. stûnen), *rṵ̈nän* (mhd. rûnen), *fṵ̈l* (mhd. fûl), *pṵ̈r* (ahd. gebûro), *tṵ̈rän* (mhd. tûren), *əs tṵ̈rəlli maχχän*, ein trauriges Gesicht zeigen.

Alte û liegen ferner vor in:

šnṵ̈ts, Schnurrbart, *šnēšnṵ̈tsän*, Schneeschaufel, Schneepflug, *šnṵ̈ssän*, rasch dahin eilen, *tšṵ̈rän* (mhd. schûren), *lṵ̈där*, rotes Kopftuch der Weiber (vgl. Stalder II. 182), *pṵ̈tsän*, trinken, *näštpṵ̈ts*, das jüngste Kind. Die 3 letzten Wörter sind etymologisch dunkel, *lṵ̈där* hängt schwerlich mit ahd. ludara zusammen (vgl. Schade I. 573).

§ 88. Mhd. û ist gekürzt worden vor w unter Verdopplung dieses Lautes.

buwwän (mhd. bûwen), *truwwän* (mhd. trûwen). Den gleichen Übergang finden wir in den Part. Prät. *kχuwwän*, *kruwwän*, wenn nämlich die Formen mit û als unmittelbare Vorläufer anzusetzen sind (vgl. Braune Alth. Gram. 231). *pluwwäl*, nhd. Schlegel, beruht nicht auf mhd. bliuwel, was bliwwäl oder pliwwäl ergeben hätte, ähnlich wie riuwen zu *riwwän* geworden, sondern es geht zurück auf eine alte Form plûwil (blûwil). Auch altes auslautendes û wird nach Analogie des inlautenden auf diese Weise behandelt. Der quantitative Wandel hat auch hier einen qualitativen zur Folge gehabt: *buww* (mhd. bû), *suww* (mhd. sû).

Anmerkung. Jm Oberhasli sind die alten û in ü̅ gewandelt worden, ausgenommen die û vor w, die den gleichen Wandel aufweisen, wie er in der Mundart B. vorkommt.

§ 89. Aus der î-Klasse in die *iu*-Klasse ist übergetreten das Verbum *špiwwän*, das sein Prät. *kšpuwwän* bildet (< *gispûwan). Dieser Übergang muss schon sehr alt sein, was durch die Ablautsstufe *špowwəllän*, Speichel, erwiesen wird. Gleichfalls in diese Klasse übergetreten ist das mhd. houen, das in der Mundart *hiwwän* lautet. Sein Part. Prät. heisst *khuwowän*, das nach Analogie der obigen einem alten gihûwen entspräche.

§ 90. *ö.*

Der Übergang des ö in *e*, des ü in *i* hat schon in sehr früher Zeit stattgefunden. So konstatirt Weinhold diese Entrundung für das 13. I. H. (Weinhold, alem. G. 75, 76).

1. Mhd. ö wird in der Mundart *e*:

bekχəlli (mhd. böckelîn), *χepfän* (mhd. köpfen), *χeχχi* (mhd. köchinne), *treχχni*, Trockenheit.

2. ö vor r-Verbindungen ist wie *o* in der Mundart gelängt worden: *wērtli* (mhd. wörtlîn), *ērtli* (mhd. örtlîn). Dehnung vor *l* liegt vor in *ēl* (mhd. öl.

3. Rätselhafte Dehnungen begegnen in:

trēštlän (mhd. droschel, drostel) Drossel, *lēkχän* (mhd. locken), *tsēkχän* (mhd. tsocken) locken, vgl. *tsokχän*, wird vom reissenden Schmerz der Glieder gesagt.

4. Mhd. œ ist durch *ē* vertreten:

šēnn (mhd. schœne), *tēn* (mhd. dœne), *tēnnän* (mhd. dœnen), *brēd* (mhd. brœde) schwach, vom Tuch, Holz etc. gesagt, zu *irbrodän*, verfaulen, *brēdi* (mhd. brœde), *bös* (mhd. bœse), *frēli* (mhd. vrœliche), *hēhi* oder *hēji* (mhd. hœhe), *hēnn* (mhd. hœne), *firhēnnän*, verderben; *tswēnig u tsfil firhēnnän alli špil*, *lētig* (mhd. (lœtic) ganz, durchaus, *lēsän* (mhd. lœsen), *štērrän* (mhd. stœren), *rētəlli* (mhd. rœtelîn) Rotkelchen, *rētsi* (mhd. rœʒe) Hanf- und Flachsröste, *rētsän* (mhd. rœʒen) auf die Röste legen.

§ 91. *ü.*

1. Mhd. ü ist zu *i* geworden in:

hitän (mhd. hüte), *brik* (mhd. brücke), *birštän* (mhd. bürste), *χind* (mhd. künde) kundig, *fili* (mhd. vülîn), *irti* (mhd. ürte) Zeche, *minχ* (mhd. müniχ) verschnittener Hengst, *mirdän* (mhd. mürden), *misəllän* (zu mhd. müsel, vgl. Bühler W. D., S. 95.), wofür in mehreren Schweizer Mundarten *špeltə* gesagt wird, *liftän* (mhd. lüften) in die Höhe heben, *rimpfän* (mhd. rümpfen), *ufmitslän* (zu mhd. mutzen) aufputzen, *rikligän* (mhd. rückelingen), *šibäl* (mhd. schübel), *štiməllän* (mhd. stümmeln), *tirr* (mhd. dürre).

§ 92. 2. Mhd. ü erscheint als *ị* unter den gleichen Bedingungen, wie mhd. u (i) zu *ụ* (*ị*) wird. Der Wandel ist abhängig von der Stellung vor folgenden Nas. + Spirans:

ls ufərnịftig, d. h. das Unvernünftige, das Vieh, *fịf* (mhd. vünf), *ịs* (alth. unsih) Dat. Akk. Pl. In dem Adjektiv *χịftig* (nhd. ähnlich) haben wir wohl an künftig zu denken: *das išt ə χịftiga štụdär*, d. h. er wird in der Folgezeit einem Mann Namens Studer ähnlich sein. Hieraus hat sich die Bedeutung: er ihm ähnlich entwickelt. Es ist indessen zu bemerken, dass der Schwund des n nicht durchgängig ist. Es heisst *i ts kχinftig*, *i tsuəkχunft*. Doch ist die Möglichkeit nicht ausgeschlossen, dass früher einmal der Ausfall des n in besagter Stellung in weiterem Masse auftrat als jetzt, und es dürfte wohl die Schriftsprache für die genannten Formen verantwortlich gemacht werden; *kịssän* (mhd. günsen). Mundarten, wie Leerau und Wattenwyl (Kt. Bern), welche i und ü vor verflüchtigtem n zu *ei* und *öü* diphthongiren, beweisen mit ihrem *weisse* (mhd. winsen), gegenüber *göüsse*, sowie Leerau mit *möüšter* (münster), dass nicht an eine Form mit i wie *giwinsen* gedacht werden kann, sondern dass ein Wort mit dem Vokal ü zu Grunde liegen muss. *tịχli* (ahd. tunchali, tunchli) Dunkelheit.

§ 93. 3. Mhd. ü ist durch die Zwischenstufe ŏ in *e* übergegangen *derffän* (mhd. durfen, dürfen), *megän* (mhd. mügen), *gennän* (ahd. giunnan, mhd. gunnen), *sellän* (mhd. süln).

§ 94. 4. Der alte Diphthong *iu* hat folgende Entsprechung:

a) er ist zu *iw* geworden vor w:

riwwän (mhd. riuwen), *χiwwän* (mhd. kiuwen). Im Ablaut hiezu steht *χeilän* < *köülen, wiederkauen. *riwic* (mhd. riuwe), *triwu* Subst. (mhd. triuwe) Treue, *triwu* Adj. (mhd. triuwe, getriuwe) treu, *špriwwär* (mhd. spriuwir), *niwic* (mhd. niuwe), *špiwwän* < *spiuwen, *hiwwän* < *hiuwen, *as hiwwigs müssär*, ein scharfes Messer, *hiwwäl* (mhd. hiuwel), *griwwäl* (mhd. griuwel), *gliwwi*, Ruhe, Ruheort, *gliwwän*, ruhen, geht nach dem Zeugnis verschiedener Schweizer Mundarten, die *öü* bieten (vgl. Hunziker S. 170) ebenfalls auf eine Form mit *iu* zurück. Das Wort dürfte ursprünglich nur der westlichen Sprachsippe angehört haben. Bei der Nordostgruppe begegnet *es*, soviel ich erfahren konnte, nicht. Gerade dieser Umstand macht es wahrscheinlich, dass jenes Wort ein romanisches Substrat zur Voraussetzung hat, und wir werden wohl auf richtigem Wege sein, wenn wir an altfranz. liu, Ort, anknüpfen. Die Formen *khirmän* (ahd. gehirmên) ruhen, *khirmi* (ahd. *gehirmî) Ruhe, Ruhestätte, welche bei den westlichen Dialekten noch da und dort anzutreffen sind, mögen das Muster zur Bildung von *gliwwän*, *gliwwi* gewesen sein. In B. kennt man *khir-*

män, wie *gliwwän*, doch wird ausschliesslich letzteres gebraucht. In Brienzwyler, eine Stunde von Brienz gelegen, wiegt der Gebrauch von *khirmän* vor.

Die Entwicklung der Lautfolgen iu + w > iww geht derjenigen des *i* + w parallel. Das oben angeführte *špiwwän* könnte auch auf mhd. spîwen zurückweisen, wenn nicht die dazu gehörigen Verbalformen, sowie das im Westen vielfach bezeugte *špöuə* dagegen sprächen.

b) Alth. iu ist zu ị geworden, wenn kein w nachfolgte. *hịt* (alth. hiutu), *hịr* (alth. hiuru). *fịr* (mhd. viur), *lịgän* (alth. obd. liugan), *miər lịgin nịd*, wir lügen nicht, daneben steht mit anderer Ablautstufe *lougnän*, *ụs lougnän* (mhd. lougenen) leugnen, *flịgän* (alth. obd. fliugan), *trịgän* (alth. triugan), *rịχän* (alth. oberd. riuhhan) neben *rouχnän* (ahd. rouchan) rauchen, *štịbän* (alth. ob. stiuban), *šlịffän* (alth. obd. sliufan), *χrịχän* (alth. kriuchan, *sịχ* (alth. siuchî).

In einigen Fällen haben wir in der Mundart die Ablautstufe *ou*, während in nördlichen und östlichen Dialekten altes *iu* vorliegt:

loub (nhd. lieb), *teiff*, *teiffi* < alth. *toufî, Tiefe, *šteifat*, Stiefvater, *šteifmuətär*, Stiefmutter, *fleigän*, Fliege, *greibi* (mhd. griebe) Griebe.

Zwei einzige Wörter zeigen die Brechung vor Guttural und Labial: *siəχ* (alth. obd. siuh) und *riəmmän* (alth. obd. riumo).

c) vor Dentalen und germ. h treffen wir *iə*: *biətän* (alth. biotan), 2. Sg. *du biətišt*, *siədän* (alth. siodan), *tsiən* (alth. ziohan), 2. Sg. *du tsiəšt*, *iə* geht durch das ganze Präsens. Eine Ausnahme machen die Verben *friərän* (alth. friosan), *firliərän*), (alth. firliosan), welche lautgesetzlich im Singular altes iu als ǐ, im Plural altes io als *iə* festhalten.

d) In einigen Fällen kann man im Zweifel sein, ob german. eu noch in erstarrter Form vorliegt oder ob wir es mit einer Rückbildung aus mhd. iu zu tun haben: *χnewu*, *uf ə χnewwän*, auf den Knieen (alth. knëo), Inf. *χnewwän* (zu alth. giknëwen), *χnewwšịbän*, Kniescheibe, *χnewwəradän* (alth. chnëorada) Kniekehle, *χnewwligän*, auf den Knieen. *eχ* (alth. ëuuih, mhd. iuch), Akk. und Dat. Pl. *ewwa* (alth. ëuwêr, mhd. iuwer).

e) iu ist zu *i* gekürzt in: *frind* (mhd. vriund), *kfrind* (mhd. gevriunt) befreundet, verwandt.

f) mhd. iu als Umlaut von *ụ̄* wird durchgängig als ǐ fortgesetzt: *hǐsär*, Pl. zu mhd. hûs.

§ 95. *ei.*

Mhd. ei entspricht *ei* der Mundart. Im Oberhasli tritt hierfür der Laut *äi* ein:

āmmeissän (mhd. âmeiȥe), *beilän* (mhd. beile?) hölzerne mit einem Brandzeichen versehene Marke, die man den Schafen im Frühling, wenn der allgemeine Weidgang eröffnet wird, als Erkennungszeichen an den Hals hängt (vgl. Stalder I. 153), *beitän* (mhd. beiten) warten, *bleiχi*, Bleiche, Bleicheplatz (mhd. bleiche), *χleipän*, beisammen liegen, *tsämməχleipän*, zusammenkleben (vgl. mhd. kleiben), *eigəlli*, emsig (mhd. eigenlîche, wie ein Leibeigener), *eiχχχörän* m. (mhd. eichorn), *eis* (mhd. eines) einst, *feiss* (mhd. veiȥ), *feimm* in *ouχfeimm* (veim) Schlacke der gesottenen Butter.

greis, *i ts greis χon*, Glück bekommen, *ər hets im greis*, es geht ihm gut von statten, *eiss* (mhd. eiȥ), *geis* (mhd. geiȥ), *geinän* (mhd. geinen), *hein* (mhd. heimen) nach Hause, *heilän*, gesund machen, *heillän*, castriren. *leimm* (mhd. leim), *leištän* (mhd. leisten) in Verbannung gehen, *leissän* (vgl. mhd. leise) Geleise, *heissän* (mhd. heizen), *heitsän* (mhd. heizen), *meijän* m. Blume (mhd. meie), *reiff* (mhd. reif), *reigäl* (mhd. reigel), *heiššän*, fordern, *i heiššän di*, ich fordere dich, *reisän* (mhd. reisen) flicken, *ụfreisen*, aufwiegeln, *arreisän* (< *anreisen) anhetzen, *tsuəhireisän*, hinzuleiten, *aphireisän*, hinunterleiten, *obsi-*, *nidsireisän*, aufwärts-, abwärtsleiten, *reiss* (mhd. reiz) Ring, krumme Linie, *seifrän* (mhd. seifern), *seigäl* (mhd. seigel) Sprosse einer Leiter, *šleif* (vgl. mhd. sleife) Weg, wo Holz geschleift wird, *eimm i šleif trēllän*, jemandem seine Gewogenheit zeigen, *šweifäl*, ein aus Tannzweigen gedrehter Ring zur Befestigung der Haglatten, *špreitän* (mhd. spreiten), *šeitlän* (mhd. scheitel), *treib* (mhd, treip) Spur, Fährte, *weid* (mhd. weide), *gleitig*, schnell, behende (vgl. mhd. glîten).

Anmerkung. Mhd. ei ist in e übergegangen in *tswentsy* (mhd. zweinzëc), *endlif* (mhd. einlif).

§ 96. *ou.*

Mhd. ou (germ. au) ist *ou* geblieben:

troun (mhd. troum), *boun*, *boumm* (mhd. boum), *gloubän* (mhd. gelouben), *goummän* (mhd. goumen g. gaumjan), die Kinder hüten, *goummərrän*, Kindswärterin, *gouχ* (mhd. gouch), *är išt ən gouχa*, er ist ein ausgelassener Spassvogel, *hout* (mhd. houbet, houbt) Haupt, *χouffän* (mhd. koufen), *loub* (mhd. loup) Laub, *loub* < * loub(p) lieb, *lougnän* (mhd. lougenen), *lougän* (mhd. louge), *rouχ* (mhd. rouch) Rauch, *toun* (mhd. toum, got. dauns vgl. gr. θυμός, *šoub* (mhd. schoup), Strohbündel, *šoubladän* < *schoublade im Ablaut zu nhd. Schublade, *tsoukän* m. (vgl. mhd. zouke) Schnabel an einem Hafen, einer Kanne, *louffän* (mhd. loufen), *oug* (mhd. ouge), *gouffəllän* (vgl. mhd. goufe) hohle Hand, *toub* (mhd. toup) erzürnt, *koukäl* (vgl. mhd. goukel) närrischer, spasshafter Kerl.

Anmerkung. Dunkel ist das ou in folgenden Wörtern: *flousän*, m. Schneeflocke, wohl zu nhd. Flaus, *fous*, das in der Redensart gebraucht wird: *eimm də fous maχχän* oder *reisän*, jemand massregeln (vgl. Id. I. 1065), *χloussi*, grosses Stück, stimmt sachlich zu mhd. klôʒ, geht aber lautgesetzlich auf *klausî zurück.

2. Mhd ou + w wird zu *o* + *ww* (vgl. į + *w*, *iu* + *w* § 82, 88).

kšowwän (mhd. geschouwen), *kšoww*, sieh hier, *fįrkšowwär*, Feuerwächter, *froww* (mhd. vrouwe) Frau, *frowwəlli* (mhd. vrouwelîn) Frau, *oww* (mhd. ouwe) Mutterschaf, *howwän* (mhd. houwe), *lowwənän* < *louwinna vgl. alth. lewinna aus mlt. lavina.

Der zweite Komponent des Diphthongen hat seine spezifische w-Artikulation, auch wo er in den Auslaut tritt.

loww (mhd. lô, gen. lôwes) Gerberlohe, *štroww* (mhd. strô) Stroh, *roww* (ahd. rao, rô, mhd. rou, rô) wird nie im ethischen Sinne gebraucht. Dem neuhochdeutschen roh (rohe Sitten haben) entspricht das mundartliche grob.

§ 97. öü.

1. Mhd. öü erscheint als *ei* in:

eigi < öügî(i), kleine Blumenkrone Pl. *eigəni*, *eigli*, *eigəlli* (mhd. öugelîn), *eiglän* (mhd. öugelen) die Augen rasch bewegen, *pšeibän* zu *šoub*, mit Stroh (Tuch etc.) verstopfen; *preikχän* (vgl. mhd. berouchen) mit Rauch vertreiben, *reikχi*, Rauchfang, Fleisch, das im Rauchfang hängt.

In einer Reihe von Wörtern erscheint ferner *ei*, dem ebenfalls öu zu Grunde liegt, während die alth. mhd. Denkmäler nur die iu-Formen zeigen (vgl. das unter ou Gesagte), *teiffi* (mhd. *töufe) Tiefe, dagegen *touffi* (ahd. toufî) Taufe, teiff (< *töuf) tief.

2. Mhd. öü + w erscheint als *eww:*

heww (mhd. höu), *geww* (mhd. göu). Diese Form

findet sich in dem lokalen Eigennamen *Plannewıo*, eine Alp südlich von Brienz, oberhalb des Giessbaches. Neben *gewıo* kommen *gowıo* und *gowıvi* Sg. vor.

frewwän (mhd. vröuwen), *trewwän* (mhd. dröuwen), *štrewwi* (mhd. ströuwe) Streu, *štrewwän* (mhd. ströuwen) Streu geben, *štrewwənän*, Streu sammeln.

§ 98. *iə*.

1. Mhd. ie wird in der Mundart durch *iə* wiedergegeben:

biəšt (mhd. biest) die erste Milch der Kuh nach dem Kalben, *piətän*, Brett am Hinterteil des Schiffes, stimmt lautlich und begrifflich zu got. biuds (alth. biod), *fiər* (mhd. vier), *kniətän* (mhd. genieten), einer Sache überdrüssig werden, *kniətig* (mühsam), *hiə* (mhd. hier), *χiən* (mhd. kien), *miəš* (mhd. mies) Moos, *niəmmän* (mhd. nieman), *niəna* (mhd. niener) nirgends, *tsiəhän* (mhd. zieche zu gr. ϑήκη); *bsiən* (mhd. beziehen) einholen, *iətwädra* (mhd. ietwëder) jeder von beiden, jeder überhaupt, *isiə*, zuweilen (vgl. § 39.8).

2 Mhd. ie ist zu *e* verkürzt in: *etliss* (mhd. ieteliche**ȥ**), *etlimenna*, mancher, *etsän* (mhd. iezen).

3. Mhd. ie erscheint als *je* in: *jets*, nhd. jetzt, neben *etsän*. Den umgekehrten Vorgang haben wir in *iəgär* (mhd. jeger), *her iəsəs*, Herr Jesus (Ausruf).

§ 99. *uo*.

Mhd. uo tritt als *uə* auf:

bluəd (mhd. bluot), *bluəšt* (mhd. bluost) Blüte, *tuəlän*, Vertiefung, steht im Ablaut zu tal (vgl. Bühler W. D., 174), *fuəs* (mhd. vuoȥ), *gruəbän*, sich lange und eingehend mit einer Sache beschäftigen, lange von etwas ergriffen sein. *Är hed lann an där χrankχheit gruəbät*, die Krankheit ist schon lange in ihm gesteckt (mhd. gruoben), *gruəs* (mhd. gruoȥ), *štuətän* (mhd. stuot) Stute, grosses Weibsbild, *muəs* (muos), *luədär* (mhd. luoder), *huəštän* (mhd. huoste), *guəg* (mhd. *guog) Käfer, *bluəmmän* m. (mhd. bluome) Blume, *muəltän* (mhd. muolte), *ruəss* (mhd. ruoȥ), *luəmm* (alth. luomi) vgl. Stalder II. 184, Schmeller II. 1473, *gruənän* (mhd. gruonen) grün werden.

§ 100. *uə.*

Das Umlautsprodukt des mhd. ue erscheint als *iə*:

χiə (mhd. küe), *miəd* (müede), *griənn* (mhd. grüene), *blieijän* (mhd. blüejen) *biəssän* (mhd. büeȥen) flicken, nähen, *miəssän* (mhd. müeȥen), *niəχtär* (mhd. nüehter), *briəlän* (mhd. brüelen) laut weinen, *riəššəllän*, Reihe aufgehängter Dinge (Würste, Bohnen etc., vgl. Stalder II. 275, Schmeller II. 148), *riərän* (mhd. rüe^r^en) schlagen, werfen, *špaŋgriən* (mhd. spângrüen).

β) Umlaut.

§ 101. Mit den übrigen alemannischen Dialekten hat die Mundart zwei hervorstechende Kriterien gemein, umgelauteten Vokal im Präs. Pl. Ind. der athematischen Verben: *miər šlān*, wir schlagen, *gān*, *tiən* etc., ferner unumgelauteten in der 2. und 3. Sg. der starken Verben: *du färšt är färd*, *du grabšt*, *är gràbt* (vgl. Behaghel, Grundriss, S. 609). Ganz vereinzelt kommt im Schweizerischen der Umlaut des a von mhd. varn vor. Wattenwyl, Kanton Bern, weist die Form *du feršt*, *ər fert*, auf.

§ 102. Ferner geht die Mundart wohl mit den meisten Schweizer Mundarten auch darin einig, dass sie bei den männlichen n-Stämmen den Umlaut aufweist, während die Schriftsprache ihn nicht begünstigt: *magan* Pl. *mägän*, Magen, *namän* Pl. *nämän*, Namen, *wagän* Pl. *wägän*, Wagen, *pfoštän* Pl. *pfeštän*, Pfosten, *tsapfän* Pl. *tsäpfän*, Zapfen, u. s. w.

§ 103. Sodann stimmt sie zu andern oberdeutschen Dialekten im Umlaut bei den Wörtern:

äššän (mhd. asche, esche) Asche, *fläššän* (mhd. vlasche, vlesche) Flasche, *täššän* (mhd. tasche, tesche) Tasche, *fäššän* (vgl. Id. I. 1007). Heranzuziehen ist hier der lautlich nicht ganz klare Ortsname *Äšši* (am Thunersee) urk. Asshes, Aesche, Esche, der seinen Umlaut wohl auch dem dentalen Spiranten zu verdanken hat (vgl. Id. I. Sp. 570). Ebenso wird *wäššän* (mhd. waschen, weschen) zu beurteilen sein. Zu *wäššän* gehört das Substantiv *wäšši*, flüssige Nahrung für die Schweine, wofür im Fricktal und anderwärts *süütränkχi* gesagt wird.

§ 104. Das Eindringen des Umlautes aus dem Plural in den Singular bei den Wörtern: *epfäl*, Apfel, *freš*, Frosch, ist wohl gemeinschweizerisch. Für B. nenne ich weitere Fälle dieser Übertragung: *hälm* (mhd. halm) Halm, *špän* (mhd. spân) Span, *teχtär*, Tochter, aber *bruədär* Sg., während viele Schweizer Dialekte hier auch den Umlaut zeigen.

§ 105. Anderseits stellt sich B. in direkten Gegensatz zu vielen andern Mundarten oberdeutscher Gegenden, insofern als diese den Umlaut des *u* vor *kχ*, *k* (westg. gg) in der Regel nicht eintreten lassen, während B. sich nicht ablehnend verhält (vgl. Stickelberger, Vokalismus, S. 46, Kauffmann, a. a. O. S. 149).

brik (mhd. brucke, brücke) Brücke, *rik*, Rücken, *rikligän*, auf dem Rücken liegend, ähnlich gebildet wie *χnewwligän*, auf den Knieen seiend. Ohne Umlaut erscheint *tsruk*, zurück. Das nhd. sich bücken würde in der Mundart *si pikχän* lauten, dafür erscheint aber *si χrimpän*, sich krümmen. *χrikχän* (mhd. krücke) Krücke, *likχän* (mhd. lücke) Lücke, daneben steht ohne Umlaut *luk*, lose, *luk län*, los lassen. Das Wort *glikχ* braucht für die Mundart keineswegs Fremdwort zu sein, ebenso haben wir in *sind* ein altes Erbwort zu sehen. Das nhd. Stück erscheint als *štukχ* m. und *štikχ* n., *mid eimm štukχän*, mit jemand streiten, *ə štikχär tswei.* Nach der herrschenden Ansicht (vgl. D. W. ein Sp. 1̇4 ff. und 137, Binz, zur Syntax der baselstädtischen Mundart, S. 36) ist diese Redensart entstanden aus: ein Stück oder zwei. Da die Mundart B. statt oder *old* bietet, so muss an eine Entlehnung aus andern Dialekten gedacht werden, oder es ist der Wandel des *l* in *r*, der vereinzelt vorkommt, anzunehmen. *trikχän* (mhd. drücken) drücken. Ohne Umlaut erscheint *mukän* (mhd. mücke) Mücke.

§ 106. Sodann weist die Mundart den Umlaut des *u* vor *pf*, *ts* auf: *štipfän* (mhd. stüpfen), *abštipfän*, einem etwas nachmachen, *šipfän* (mhd. schüpfen) schupfen, *tsipfän*, Art Backwerk, *ripfän* (mhd. rupfen, rüpfen), *giətsi*, Bonbon, zu mhd. guot, vgl. basl. *g̣utsi*, Leerau *guətsi*, *nitsän*, nützen, aber *nịdnuts*, Taugenichts, *ts unnuts*, auf unnütze Weise.

§ 107. Im Gegensatz zum Neuhochdeutschen (Mhd.) besitzt die Mundart den Umlaut in:

frăgän, fragen, Wattenwyl *frăgə*
trăgän, tragen, „ *trăgə*
săgän, sagen „ *săgə*

riəffän, rufen, *bliətän*, bluten, *teimmän* (mhd. toumen) zum Subst. *toun* gehörig. Anzumerken ist ferner der Umlaut in: *dir* (ahd. durah durih), *fụlărtig*, faul, *einërtig* (< einortig) einseitig, *Iəlli*, Ulrich, *trěštlän* (mhd. droschel, vgl. Kluge, a. a. O., S. 59) Drossel, *siniswịb*, Sohnes Weib, *tiən* (mhd. tuon), *mäšär* (mhd. maser).

§ 108. Nicht eingetreten dagegen ist der Umlaut in mehreren Fällen, wo das Neuhochdeutsche (Mhd.) oder moderne Dialekte umgelauteten Vokal zeigen:

huff Pl. *huffi* (mhd. huf gen. hüffe) Hüfte, *nus* Pl. *nuss*, Nuss, Nüsse, *burdi*, Bürde, *hurd*, Hürde, *šlussäl* (mhd. slüȥȥel) Schlüssel, *sågän*, Säge, *sågi*, Sägemühle, *murb*, *murw* (mhd. mürwe) mürbe, *luəmm* (mhd. lüeme) sanft, *lugi* (mhd. lüge, luge) Lüge, *χuχχi*, Küche, *ubär* (mhd. über). Wie bei *umm* (umbi) hat die Mundart die in schwachtoniger Stellung geforderte Form bevorzugt. *towwen*, heftig über Schmerzen klagen, gehört zu mhd. töuwen, sterben, *aχχis*, Milchessig (got. akeits), ostschweizerich *äχχis*, *ašpän*, Espe, *hewwstuffäl*, Heuschrecke, *sollär* (mhd. sölre) Söller, Zimmerdecke zu lat. solarium, *tuəlän* (mhd. tüele) Vertiefung, Ablaut zu tal, *huli* im Sinne von Bett gebraucht (mhd. hüle), *uəχs* (mhd. üehse) Achselhöhle. Auffällig ist das Fehlen des Umlautes ferner in *måli*, Bild (zu ahd. gamâlî).

§ 109. Heussler stellt (Germ. 34, S. 117) sechs Kategorien auf, in denen der Umlaut noch heutzutage als produktives Sprachmittel empfunden wird. Zu seiner 6. Kategorie (dim. Weiterbildung von Verben) führe ich folgende Beispiele an: *dërflän* zu *dörffän*, plaudern, *reikχlän*, Tabak rauchen, zu *roukχän*, *χräwwlän* zu *χrawwän*, kratzen, *hiəštlän* zu *huəštän*, husten, *irwäχχəllän*, zu *irwaχχän*, erwachen, *håklän* mit jemand ringen in der Weise, dass man sich gegenseitig an einem Finger, der hakenförmig gekrümmt ist, zerrt. Das Wort gehört zu *håkän* d. h. mit einem Haken etwas an eine Stelle schaffen; *mänəəlän*, degustiren, dürfte von einem Verb * *maəəän* und dies selber von *maəə*, Geschmack, herstammen. Wohl nichts zu thun mit *mänəəlän* hat nhd. bemängeln, das bair. Herkunft ist und jetzt in der Schriftsprache allgemein gebraucht wird (vgl. M. Heyne, Deutsches Wörterbuch, S. 353). Keinen Umlaut weisen auf *traŋəlän*, belästigend bitten, zu mhd. drangen und das in gleichem Sinne gebrauchte *saŋəlän* zu mhd. sangen.

§ 110. Ich führe ausserdem noch 3 Fälle an, in denen der Umlaut sich produktiv verhält. Es sind: 1. Diminutive auf — *i*, 2. Koseformen auf — *i*, wobei unumgelautete Formen mit leichter Bedeutungsschattirung nebenher gehen. 3. Weiterbildung der Taufnamen durch die Suffixe *äl*, *əlli*.

Zu 1. : *biəbi* zu *buəb* (mhd. buob), *giəgi* zu *guəg*.

Zu 2 und 3:

Jāki,	*Jākäl*	gegenüber	*Jāki*,	*Jākəlli*,	Jakob
Kχebi,	*Kχebäl*	„	*Kobi*,	*Kobəlli*,	Jakob
χäpi,	*χäpäl*	„	*χapi*,	*χapəlli*,	Kaspar
	Riədäl	„	*Ruədi*,	*Ruədəlli*,	Rudolf
Hänsi,	*Hänsäl*	„	*Housi*,	*Housəlli*,	Johann
				Hansəlli,	
	Gleisäl	„		*Glousəlli*,	Niklaus
	Fräntsäl	„			Franz
	Edwārä l	„		*Edwārəlli*,	Eduard
Änni,	*Ännəlli*	„	*Anni*,		Anna
Mädi,	*Mädəlli*				Magdalena
Bābi,	*Bābəlli*				Barbara
Tsi̜si,	*Ti̜səlli*				Susanna
Seffi,		„	*Soffi*,		Sophie
Lidi,		„	*Ludi*,		Ludwig
Iəlli,					Ulrich
	Tāfäl				David
	štāfäl				Gustav
	Gedäl				Gottlieb

Die Koseformen auf — *i* begegnen sehr frühe. Die Fontes rer. Bern. belegen die Formen Heini, Otti, Uelli, Růdi, Chůni für das 14. Jahrhundert (1322). Es ist jedoch anzunehmen, dass sie schon früher im Gebrauche waren. Nach gefälliger Mitteilung des

Herrn Dr. Socin sind solche Kosenamen für Basel schon im 12. Jahrhundert urkundlich bezeugt, Stark (Kosenamen der Germanen, S. 53) belegt sie vom 4. J.H. ab.

Der Geschlechtsname *Thöni* als *Teni* gesprochen wird auf Antonius zurückgehen.

γ. *Quantitative Veränderungen.*

§. 111. Die Mundart gehört zu der kleinen Sprachsippe, welche den Vokal vor Auslautstellung der Geräuschlenis nicht gedehnt hat. Die wenigen Fälle, wo vor inlautender Lenis Dehnung eingetreten ist, lassen sich auf Analogiewirkungen zurückführen, so ist *trāgän*, tragen, wohl unter Einfluss von *frāgän*, fragen, zu seiner Länge gekommen. In *sāgän*, sägen, *sāgi*, Sägemühle, *sāgän*, Säge, könnte die *ā*-Ablautstufe zu Grunde liegen. Vor auslautender Sonorlenis ist hauptsächlich nur a gelängt worden, doch nicht durchgängig, vor inlautender tritt die Dehnung nur in ganz vereinzelten Fällen auf (vgl. § 68, 3. b).

§ 112. Was die Quantität vor Konsonantenverbindungen anbelangt, so gilt als besonderes Charakteristikum der Mundart B. die Längung des *o* (und dessen Umlaut) vor r-Verbindungen. Auch *a*, dessen Umlaut *ä*, sowie ë, sind gedehnt worden, doch nicht durchgängig, *i* und *u* erfahren in besagter Nachbarschaft niemals Dehnung. Von den l-Verbindungen hat nur ld dehnende Kraft, es kommt hier hauptsächlich *a* und dessen Umlaut *ä* in Betracht. Während eine grosse Zahl schweizerischer Mundarten die Vokale î, û, ü̂ teils vor den Fortes, teils vor den Lenes, teils vor beiden Stärkegraden gekürzt haben, befindet sich die Mundart B. noch auf dem Standpunkt der alten Sprache. Es heisst also in B.: *knīpän*, mit dem halbmondförmigen Hackmesser Fleisch zerschneiden, *tsīt*, Zeit, *tswīkän*, vom Pfeifen der Vögel gesagt, *pfīffän*, pfeifen etc. —

tšūp, Haarbüschel, *χrūd*, Kraut, *rūkän*, vom Knurren des Magens gesagt, *hūffän*, Haufe etc. — *blībän*, bleiben, *wīdän*, Weide, salix, *gīgän*, Geige, *īfär*, Eifer etc. — *tūbän*, Taube, *štūdän*, Staude, *sūgän*, saugen etc. —

§ 113. Ueber die Verkürzung der Vokale î, û, iu, sowie der diphthongischen Länge iu vor w vgl. die betreffenden Laute § 82, 3, §§ 88 und 94.

δ. *Diphthongirungen.*

§ 114. Wie oben ist gezeigt worden, sind die Hiatusvokale intakt geblieben. Neue Diphthonge haben sich herausgebildet aus den Lautfolgen:

a + n + Spirans > *ou* + Spirans (vgl. § 68, 2).
e + n + „ > *ei* + „ (vgl. § 74).
ë + n + „ > *ei* + „ (vgl. § 79, 2).

§ 115. Ueber die Diphthongirung des î vor h-Verbindungen vgl. § 82, 2.

§ 116. Ueber die Diphthongirungen in: *miər*, *diər*, *iər*. *biə*, *tsuə* vgl. die satzphonetischen Scheideformen § 39, 1, 5, 6, über *χroušpəllän*, *χloussi* § 83, 4, § 96.

ε. *Ablautstufen.*

§ 117. Im Folgenden mögen einige Beispiele den Ablaut im Verbum und Nomen veranschaulichen.

1. Reihe.

χleipän, ankleben, in trans. und intrans. Bedeutung gebraucht: mhd. klîben, *rītän*, reiten und auf einem Wagen fahren: *reitän*, *dərfor reitän*, affektirt davon gehen und zwar in der Weise, dass die Schultern hin und her bewegt werden, *rit*, Erdschlipf, *χīdän*, kleiner Zweig: *χeištän*, *hārdepfəlχeištän*, Keim der Kartoffel.

In *toubleik*, jähzornig, *toub*, zornig, dürfte der alte ai-Ablaut stecken, während das got. in leik die î—Stufe aufweist. Wir hätten es hier mit einem Bahuvrîhi-

Kompositum zu tun, entsprechend den got. liubaleiks, samaleiks. Dass statt einer Spirans, wie sie in *lį̄χtörän*, Leichdorn, begegnet, die Tenuis auftritt, kann auf Sandhiverhältnise zurückgeführt werden. Möglicherweise liegt auch dem luzernischen *töüblig* diese Form zu Grunde:

šleif, Weg, entstanden durch das Hinuntergleiten des Holzes (mhd. sleife), *šleiftrog*, Hemmschuh, *šlįffän* (mhd. slîfen).

šweiffäl, ein aus Tannreisern geflochtener Ring zur Befestigung der Zaunpfähle : mhd. swîfen, drehen.

rįsän (mhd. rîsen) fallen, vom reifen Obst gesagt, *firrįsän*, verblühen : *reisän*, flicken, zurecht machen, *arreisän*, anhetzen, *ūfreisän*, aufwiegeln, *aphi—uəhireisän*, hinab—hinauflenken, weisen, *greis*, das in der Redensart vorkommt: *ər hets im greis*, es geht ihm gut von statten, *ungreis*, *ər išt im ungreis*, in Verlegenheit, *ris*, *χegəlris*, Kegelbahn.

wįssän in *firwįssän*, tadeln, vorwerfen, *är tuəd mər das firwįssän*, er tadelt mich deswegen : *i weis*, ich weiss : *miər wissin*, wir wissen.

tsiršrįssän (vgl. got. diskreitan) zerreissen, wozu das bair. schritzen (vgl. Schmeller II. 522) mit anderem Ablaut, *šrįs* in der Redensart gebraucht: *si hed šrįs*, sie hat viele Anbeter.

reiss (mhd. reiȥ) Ring, *ər reiss um ts mūl* wie *ə taχs um ts loχ*, das alte rîȥen ist verloren gegangen und dafür *šrįssän* eingetreten. — *greis* in *tirgreis*, Türpfosten, gehört eher zu mhd. gereiȥ, Umkreis, Ring, als zu der oben erwähnten Sippe, *Rits*, Name eines Waldes oberhalb Brienz, auf drei Seiten von grossen Graben umgeben (mhd. riz).

leištän (mhd. leisten) nach früheren Gesetzen in der Verbannung leben, in die Verbannung gehen.

wagəlleissän (zu ahd. wagaleisa), *klirnig* (mhd. gelirnic).

χlịnn : *χleinn*, klein.

geinän, gähnen : fricktal. *gịnə* < *ginə*, anderwärts begegnet in Schweizer Dialekten *gịnə*.

2. Reihe.

loub, lieb, *leibi* (< *loubî) Liebe. Eine dritte Ablautstufe zeigt das Got. in brôþralubô.

greibi, Griebe, Rest des zerschmolzenen Schweinefettes.

štịbän (ahd. obd. stiuban) : *štoub* : got. stubjus.

šoubladän : mhd. Schublade.

flịgän (ahd. obd. fliugan) : *fleigän*, Fliege.

lịgän (ahd. obd. liugan) lügen : *lougnän* (mhd. lougenen) : *lugi* (ahd. lugin) Lüge, *lugnär*, Lügner.

rịχän (ahd. obd. riuhhan) : *rouχnän*, einen Rauch von sich geben.

teiff, tief, *teiffi* (< *touffî) Tiefe.

šteif — in den Verbindungen *šteifat*, *šteifmuətär*, Stiefvater, Stiefmutter.

nös (mhd. nôʒ) Stück Vieh zu mhd. nieʒen.

miəš, ahd. mios, Moos: *Mos*, lokaler Eigenname, der sumpfigen Stellen gilt.

χeilün, wiederkauen < *kouilôn : *χiwwän* (mhd. kiuwen) kauen.

špowwəllän, Speichel, weist auf eine Form *spiuwan hin.

3. Reihe.

šwumm : Schwamm.

gumpän : mhd. gampen, springen, hüpfen.

saŋŋlän (zu mhd. sangen) lästig bitten : *siŋŋän*, *traŋŋlän* (zu mhd. drangen) in gleicher Bedeutung wie das vorige gebraucht : mhd. dringen.

špraŋŋän, Funke : *špriŋŋän*, springen.

šeiχäl < mhd. schenkel zu schweiz. *šuŋkə*, ebenso zu nhd. Schinke, das in der Mundart B. *hammän* lautet. *štuŋkän* (zu mhd. stungen) voll stopfen: *štaŋŋän*, Stange : mhd. stingel, Stengel (vgl. engl. sting, stung, stung), *pulki*, Bündel : nhd. Balg, *χilbär*, junger Widder (zu ahd. chilburra) : *χalb*, *χirχäl* in *totəχirχäl*, Todesröcheln, gebraucht (vgl. ahd. quërca, quërchela, Gurgel) : *χärχlän*, röcheln.

kwirbig, unternehmend, zu mhd. wërben : *wörbän*, gemähtes Gras zerstreuen, *sägəssəwörb*, Sensestiel, wofür im Fricktal *wärb* gebraucht wird.

4. Reihe.

bärän (mhd. bërn) mit Anstrengung tragen, *bärän* (mhd. bâre) Bahre; *bürə*, heben, das beispielsweise in Wattenwyl (Kanton Bern) vorkommt. *tsälän* : mhd. ziln, *χifäl*, Kiefer : *χaflän*, widerstreiten.

5. Reihe.

wagän (mhd. wage, wige) Wiege, *wagän*, in der Wiege wiegen. Vielleicht stehen auch *štag*, steif, und *štiglan*, stottern, im Ablaut zu einander.

Möglich, dass *sägän*, *sägi* (vgl. § 68, 3) im Ablaut steht zu der Form, welche im Mhd. begegnet, *gāb*, Gabe : ahd. gëba, got. giba.

6. Reihe.

gruəbän, an etwas laboriren, *gruəbän*, Grube : *grabän*, Graben, *triəglän*, kleines, schmales mit einem Loche versehenes Holzstück, wodurch das Heuseil gezogen wird, um den Heubündel zu befestigen, *trägän* (mhd. tragen), *guəg*, Käfer: mhd. gagen, zappeln, *šapf*, Schwall irgend einer Flüssigkeit : *šruəffän* (mhd. schuofe) (vgl. § 41, Anmerkung 1), *aχslän*, Achsel : *uəχs* (mhd. uohse) Achselhöhle, *lam*, lahm : *luəmm*, matt, mild.

Dieses Wort wird häufiger in Interlaken als in B. gebraucht. *tal* : *tuəlän* (mhd. tüele) Vertiefung.

Sodann sind anzumerken *rābän*, die weisse Feldrübe, *riəbli*, kl. Rübe, carotte, *štūfäl* : mhd. stuofe, Stufe, *kšmuəχt*, schwach vor Hunger und Anstrengung: ahd. smâhi (vgl. nhd. verschmachten).

II. Die Vokale der unbetonten Silben.

§ 118. Die Mundart stimmt in den Vortonsilben *bi*—, *gi*—, *fir*—, tsir— mit dem Althochdeutschen überein. Reicht der Vokalschwund in die Zeit des Mittelhochdeutschen hinauf, so erscheint Lenis. Ist die Synkope jüngern Datums, so begegnet Fortis, doch ist die Regel nicht ausnahmslos.

1. *bi* ist unverkürzt

a) vor Explosivlauten: *bigägnän* (mhd. begegenen), das ächt mundartliche Wort ist *əpχon*, *bigärän* (mhd. begërn), *bigriffän* (mhd. begrîfen).

b) vor *f* (selten): *bifälän* (mhd. bevëlhen).

c) vor *w*: *biwisän*, beweisen, kann auch schelten, schimpfen, bedeuten.

Verkürzt treffen wir die Partikel vor Vokalen, *j*, *l*, *n*, *r*, *s*, *š*, altem r, ȥ und f, h: *bang* (mhd. bange), *pjätän* (mhd. bejëtten) auspeitschen, die Rute geben, *plegän* (mhd. belegen), *plaŋŋän* (mhd. belangen, blangen), *pnaχtän* (mhd. benachten), *preiχän* (mhd. bereichen), *priχtän* (mhd. berichten) melden, *pšiəssän* (mhd. beschieȥen) helfen, nützen, *psalän* (mhd. bezaln), *psiən* (mhd. beziehen), einholen, Part. Prät. *psogän*, *pfilän* (mhd. beviln) verdriessen, *əs pfiləd mi*, es verdriesst mich, *pfogtän* (mhd. bevogten), *phäbän* (mhd. behaben), *phāltän* (mhd. behalten). In Kompositis lebt altes bî noch unverändert fort: *bištan* (mhd. bîstân), *bištal* (mhd. bîstal) Türpfosten. Als Adverb und als betonte Präposition gebraucht, erscheint die Partikel unter der Form von *biə(n)*, in unbetonter Stellung *bi(n)*.

2. *gi* ist verkürzt worden vor sämtlichen Konsonanten und setzt sich fort:

a) als *g*: *gräχ* (mhd. grëch), *grad* (mhd. gerade), *glid* (mhd. glit), *gl̥iχ* (mhd. gelîche), *glikχ* (mhd. gelücke), *glismän* (mhd. gelismen), *gleis* (mhd. geleis), *gloubän* (mhd. gloube), *gnuəg* (mhd. genuoc), *gnād*, *unəgnād gwäld* (mhd. gewalt), *gwand* (mhd. gewant), *gwennän* (ahd. giwennan).

b) als *k*: *klirnig* (mhd. gelirnic), *klaχ* (mhd. gelach), *knāwıc* (vgl. mhd. genou), *kmein* (mhd. gemein), *kruχ* (mhd. geruch), *aknäm* (mhd. angenæme), *kwōndli* (mhd. gewonlich), *kläkχ* (mhd. gelëcke).

Unverkürzt ist die Partikel in *gidaŋkχän*, Gedanke, *gidult*, Geduld.

3. *fir*:

firtwellän (mhd. vertweln), *firtsiglän*, eine Sache verlegen, dass man sie nicht mehr findet; *fir* setzt altes *furi* fort in Zusammensetzungen, die den Accent auf der ersten Silbe haben: *firχon*, vom Ausreissen der Pferde gesagt (zu ahd. furiqëman), *firbriŋŋän*, am Leben erhalten (ahd. furibringan), *firgān* (ahd. furigân) vorbeigehen, *firšitsig*, voreilig, *firfuəs*, der den Fuss bekleidende Teil des Strumpfes. Ich merke ferner an: *firu̥s*, *firu̥si*, auswärts oder weiter auswärts, *firinhi*, einwärts oder weiter einwärts, *firgoldän*, vom Untergehen der Sonne, dann vom Verschwinden eines Gegenstandes überhaupt gesagt, *tsunnän išt firgold kaŋŋän*, die Sonne ist untergegangen.

4. *tsir*:

tsirhījän (zu mhd. hîen) zerbrechen, *tsirtuən*, auseinander legen.

Die betonte Partikel lautet *tsuə* (ahd. zuo).

tsuəsägän, zusagen, *tsuəgadän*, ein Gemach neben dem Stall, zur Aufnahme der Streu bestimmt, *tsuətili*, ein kleiner Verschlag neben dem Vorratsraum des Heues, *tsuəha*, herzu, *tsuəhi*, hinzu.

Als Präposition erscheint die Partikel in 2 Formen. In starktoniger Stellung gilt *tsuə(n)*, in vortoniger *tsu(n)*. Sodann ist eine 3. Form zu erwähnen, die mhd. ze fortsetzt: *ts Briəns*, in Brienz, *ts Hindərlaχχän*, in Interlaken, *ts bärg*, auf den Berg, *ts alp*, auf die Alp, *ts märt*, auf den Markt, *ts šuəl*, in die Schule, *ts dörf*, auf Besuch gehen, *ts χilχän*, zur Kirche, *ts χilt*, der Liebsten zur Nachtzeit einen Besuch machen, *ts predig*, zur Predigt, *uf eimm ts treiχi* (Tränke) *rịtän*, jemandem arg zusetzen, *ts grif χon*, die günstige Gelegenheit bekommen, *ts gloub sägän*, jemand überzeugen, *tsəm brụχ han*, die Gewohnheit haben, *ts hudəl u ts fätsə tsiršrịssän*, ganz und gar zerreissen, *la ts wasəə* (mhd. wase) *gān*, ein umgegrabenes Stück Land wieder zu Weideland werden lassen.

5. *ir:*

irloubän (mhd. erlouben), *irgrīffän* (mhd. ergrîfen). Über diese angeführten Präfixe ist zu bemerken, dass neben den *i-* auch *ə-* Formen gehört werden: *fərbrennän*, *tsərriərän*, zerschlagen.

§ 119. In folgenden Adverbien ist bald Schwächung, bald auch Schwund des vortonigen Vokals erfolgt, letzteres dann, wenn auf den unbetonten Vokal ein vokalisch anlautendes Wort folgte: *dinidän* (dâ niden), *dobän* (dâ oben), *dänän* (dâ ënent), *diheimmän* (dâ heime), *dụssän* (dâ ûȝen), *dinnän* (dâ innen), *hinidän* (hie niden), *hänän* (hie ënent), *hobän* (hie oben), *hunnän* (hie unnen), *hụssän* (hie ûȝen), *dran* (mhd. dar ane), *druf*, *dərnäbän*, *dərvon*, *dərdir* (dar durch) durch.

§ 120. Eine grosse Reduktion hat das alte Adverb enbor erlitten: *əmbrų̄f* (hinauf) ist entstanden aus enbor ûf. Als die ursprüngliche Bedeutung des Adverbiums vergessen war, wurde der reduzirte Lautkomplex *əmbr* als allgemein die Richtung bezeichnend aufgefasst und dann auch ein *əmbrin*, *əmbrinhi*, *əmbrinha* (hinunter, herunter) gebildet. Eine andere Erklärung s. Id. I. Sp. 41.

§ 121. Die Frage, ob in mittelhochdeutscher Zeit auf dem Gebiet der oberdeutschen Dialekte die althochdeutschen Endsilbenvokale â, î, ô, û geblieben oder mit e, dem Abschwächungsresultat der kurzen Vokale zusammengefallen, ist von Behaghel (Zur Frage nach einer mhd. Schriftsprache, Basler Festschrift 1889) und Kauffmann (Beiträge XIII. 464) eingehend erörtert worden. Für Mundarten, die in der günstigen Lage sind, historische Denkmäler aufzuweisen, die über die Zuverlässigkeit der graphischen Wiedergabe der einst gesprochenen Laute keinen Zweifel aufkommen lassen, ist die Sache bald entschieden. In diesem Falle dürften sich jedoch nicht gerade viele Dialekte befinden. Manchen Einzeldialekten sodann fehlen so zu sagen alle schriftlichen Zeugen, welche die Etappen in der Entwicklung der Sprache vom Althochdeutschen bis auf die Gegenwart aufhellen könnten. Behaghel ist der Ansicht, dass die alten auslautenden î, iu, noch in den heutigen alemannischen Dialekten sich fortsetzen. Kauffmann hält dafür, dass altes —î, welches im Mittelhochdeutschen als e erscheint, auch in den alemannischen Dialekten einmal e gewesen sei und sich dann wieder zu i entwickelt habe. Um diesen Wandel zu erklären, weist er auf folgende lautliche Thatsachen hin:

„Für die alemannischen Mundarten gilt heute das allgemeine Lautgesetz, dass die musikalische Höhe der Tonbewegung im Worte (resp. Sprechtakte) bei ruhiger

Rede umgekehrt proportionirt ist der expiratorischen Intensität der einzelnen Silbe, d. h. expiratorischer Iktus geht zusammen mit musikalischem Tiefton, nachdrucklose Silben sind musikalisch höher, z. B. schwäbisch *ępis* zerfällt in die Nachdruckssilbe *ę—* und die Nebensilbe *—pis*, *ę* hat den expiratorischen Iktus, liegt aber musikalisch tiefer als die mehr oder wenig nachdruckslose Silbe *—pis*."

Kauffmann macht also chromatische, sowie dynamische Accentverhältnisse verantwortlich für den Übergang des mhd. a-Timbre (vgl. ötewaʒ) in den modernen i-Timbre der modernen Mundarten. Die Art und Weise, wie Kauffmann sich den Wandel denkt, hat etwas Bestechendes, doch hat er übersehen, dass die meisten schweizerisch alemannischen Mundarten gegen seine Behauptung zeugen. Es findet sich in diesen die steigende Tonbewegung nur sehr sporadisch, z. B. in baselstädtischer Mundart und an einigen Orten des Haslitales, der fallende musikalische Accent ist für die meisten Regel. Ferner gibt es schweizerische Mundarten, die bei fallendem Accent eine sehr starke Nebentonigkeit der Endsilbe aufweisen und doch den i-Timbre besitzen. In Brienz wird beispielsweise gesprochen: *Hešt du epis?*

Jā, i han epis. Der steigende Ton kann also nicht als Moment zur Erklärung herangezogen werden. Wohl ist aber der dynamische Faktor nicht ausser Acht zu lassen. Nebentonigkeit an sich, sei sie mehr oder weniger markant, kann jenen Wandel verursachen. Wir sehen denselben sich vollziehen an dem *ę* des französischen gilet, das in der Mundart durch *šili* wiedergegeben wird. Kann hier auch eine Suffixvertauschung angenommen werden und drängt sie sich in den aus der Schriftsprache herübergenommenen Namen wie *Gēti*, Göthe etc. geradezu gebieterisch auf, so finden wir der Beispiele genug, welche den Zweifel an einen mechanischen Übergang unbetonter Vokale zu *i* gänzlich beseitigen. Lautgesetzlich muss sich das *i* in folgenden Fällen herausgebildet haben: *kχarisiəren*, caresser, *ramisiərän*, ramasser, *šiniərän*, < gêner, sich schämen, *dišəniərän*, déjeuner, *kaffitiərän*, cafetière, *kaffi*, Kaffee, *parisold* < parasol, Regenschirm, *dinidün* (dâ niden), *sundig*, Sonntag, *mündig*, Montag, *epis* (mhd. ëtewaȥ), *hornig* (mhd. hornunc), *wįsi* < wîsunge (vgl. § 125), *äriš̆t* (ahd. ërnust), *laŋŋišt* (mhd. langes) längst (vgl. § 40), *ətwärišt* (zu mhd. twerhes) quer, *dikχišt* (mhd. dickes) hin und wieder, oft, *meŋŋišt* (mhd. maneges) manchmal. Formen wie *dikχišti*, oft, zuweilen, sind wie *gügündi* (vgl. § 39, 15) zu beurteilen. Seltsam ist die Form *siniswįb*, des Sohnes Weib, da der Genitiv der starken Deklination, so weit er noch vorkommt, *s* oder *əs* ist. Möglicherweise liegt eine analogische Übertragung vor, wofür *ts getis wįb*, *ts getis bruədär* etc. als Vorbild gedient haben mögen (göti, mhd. götte, götide), vgl. Schmeller II. 85, Weinhold, mhd. G. 257. Bemerkenswerth ist ferner das Endungs-*i* in der Redensart: *du tums blutis fidlə*, du dummer Kerl, wobei die Emphase den Vokal vor Synkope geschützt haben dürfte, während er sonst in jener konsonantischen Nachbarschaft geschwunden ist: *əs bluts ärmli*, ein nackter Arm, *əm bluts*, ein nackter Leib. Sodann begegnet *i* aus *e* geschwächt in *Eŋŋiland* (mhd. Engelland), *hudilump* < hudellump, Lumpensammler, ferner in den Verbalendungen Pl. Ind. Präs.: *miər grabin*, *iər grabid*, *si grabin*. Wie bei den Präfixen (vgl. § 118, 5) kommen auch hier *ə*-Formen vor. In dem Ortsnamen *Äšši*, urk. Asshes, Asche, Esche (vgl. Id. I. S. 570, Schmeller

II. 85, Weinhold, mhd. G. 257) wäre man ebenfalls geneigt, den Übergang des unbetonten *e* in *i* zu erblicken. Doch ist die Transskription sehr verdächtig.

Wenn es nun Tatsache ist, dass in gewissen Fällen älteres unbetontes e und andere Vokale sich zu *i* gewandelt haben, so folgt daraus noch nicht, dass das mundartliche *giəti* aus mhd. güete hervorgegangen sei. Würde man diesen Lautwechsel annehmen, so müsste man denn doch fragen, warum nicht alle e des Mittelhochdeutschen von diesem Wandel betroffen wurden, warum beispielsweise nicht auch die aus ahd. —â entstandenen. Ahd. tagâ lautet in der Mundart *taga*, tiuvelâ wird durch *tīfla* wiedergegeben. Warum haben wir hier in der Endung nicht auch i, da ja doch das Mittelhochdeutsche auch ein e aufweist. Es ist nicht wohl anzunehmen, dass altes —â (—î) zu e sich gewandelt und dann wieder zu a (i) geworden sei. Das hiesse denn doch dem mhd. e ein gar feines etymologisches Bewusstsein vindiziren. Ich bin vielmehr der Ansicht, dass ahd. —â und —î, wenn sie nicht ganz unter dem Einfluss der Tonlosigkeit standen, noch heute als a und i in mehreren Dialekten sich fortsetzen.

§ 122. In meiner Mundart treten die ahd. Endsilbenvokale unter folgender Gestalt auf:

a) Ahd. â begegnet in:

1. Nom., Ak. Pl. der â-Stämme: *taga*, *tīfla*, *tišša*.
2. In patronymischen Formen: *šlegləga*, *šildəga*, die Sippe derjenigen Namens Schild (vgl. ags. Scyldingas). Nach Analogie dieser Patronymika haben sich auch die Plurale der Taufnamen gebildet, *Pētšəga*, die Peter, ferner die Plurale der Verwandtschaftsnamen: *atəga* (zu got. atta) Väter, *fetrəgâ*, neben *fetra*, Vetter, sodann *kχärləga* (ahd. cherlingâ), *kaləga*, *kali*, unbeholfener Kerl.

3. In den Nom. ag. begegnet *a*, wenn sie zu Geschlechtsnamen geworden sind. *FišSra* Pl. diejenigen Namens Fischer, *šnịdra*, Schneider, sonst heisst es *fišsär* Pl., *šnịdär* Pl.

Wenn ahd. Formen wie swësterâ, tohterâ ihr a in der Mundart nicht fortsetzen, so darf das gar nicht auffallen. Es ist ja keineswegs sicher, dass diese Formen je in der Mundart existirt haben. Die Nom. Ak. Pl. *šweštri*, *teχtri*, *muətri* dürften ihre Endungen den fem. i-Abstrakta zu verdanken haben.

4. altes —â ist zu *i* geworden bei grösster Nachdruckslosigkeit in den Kompositis: *dihinna*, *diheimmän* etc., ferner in: *hehəni*, wenn auf alt alemannisch hôhinâ zurückgehend, was wohl der Fall ist bei: *höhəna*, *šweləna* des Guggisberger Dialektes.

b) Ahd. —î (iu) hat sich als *i* erhalten:

1. in den weiblichen Subst.: *giəti* (ahd. guotî), *hēhi* (ahd. hôhî), *šēnni* (ahd. scônî), *weli* (ahd. welî) Wahl, *teiffi*, Tiefe, *touffi*, Taufe, *wēri* (ahd. werî). Altes —î ist ferner vorauszusetzen, wofern nicht neuere Analogiewirkungen mitgespielt haben, in: *plegi*, Beleg, Saum eines Kleides, *legi*, Lage, *šweti*, Wasserguss, *pšiti*, Jauche, *treiχi* < *trenkî (vgl. ahd. trenka), *həiχi* < *henkî, *fiəri*, Fahrt (vgl Id. I. Sp. 986), *steli*, Ort an Felswänden, wo die beim Klettern verirrten Ziegen und Schafe nicht mehr einen Ausweg finden können, gleichsam gestellt werden, *tili*, Heuboden, *šweli*, Damm aus grossen Felsblöcken zum Schutz der Schiffe gegen die Wellen (alle 3 Beispiele sehr merkwürdig wegen der einfachen Konsonanz).

2. in Adjektiven und Zahlwörtern:
. *šenni*, schön, Nom. Ak. Sg. fem. und Neut., *drį* (ahd. drî, driu), *fiəri* (ahd. fioriu).
3. im Konjunktiv Prät. Sg. der schwachen Verben: *i suəχti*, *i salbəti*, *i häti* (alt alem. suohtî, salbôtî, habêtî).

Die *i*-Endung finden wir auch im Präsens, sowie im Prät. und Präs. der starken Verben.

Am meisten hat die Annahme für sich, dass die Endung des Konj. Prät. der schwachen Verben für die übrigen Zeiten massgebend geworden sei. Zunächst wurden die Endungen des Präs. Konj. der schwachen Verben nach jenem Muster umgeformt, dann die Ausgänge des Konj. der starken Verben.

Anmerkung. Rätselhaft bleibt der Abfall des —î in *sįχ* (ahd. siuhhî, Seuche).

c) Sodann zeigen sich in der Mundart viele auslautende *i*, denen im Ahd., soweit sie dort belegt sind, ein kurzes *i* gegenübersteht, und die ihr Dasein wohl der steten Anlehnung an Formen auf —î(n), —in, wie *bekχi* < ahd. bechî, *χessi* < ahd. cheʒʒî etc. verdanken.

1. *hefti* (ahd. hefti), *hirni* (ahd. hirni), *miltsi*, *χinni* (ahd. chinni), *rippi* (ahd. rippi), *endi* (ahd. endi) Tuchende, *māri* (ahd. mâri, mhd. mære) erdichtete Erzählung. —

Anmerkung. Altes ahir, ein als Singular verwendeter Plural, wie *špriwwär* in B., *əs eiər* in Schaffhausen und anderwärts (vgl. Stickelberger, Vokalismus, S. 50) findet in *ēri*, Ähre, nicht seine lautliche Fortsetzung, vielmehr ist es auf dem Wege der Analogie in die Reihe jener i-Bildungen übergetreten.

2. Weiter erwähne ich Formen, die im Ahd. nicht begegnen und zum Teil neueren Datums sind:

hupi (vgl. fr. houppe) Federbüschel auf dem Kopfe der Vögel, *gōni*, Schöpfgefäss mit einem 4—6' langen Stiel, *tēni*, Dotterblume, *nādi*, kleiner Fisch, *moli*, Molch, *knagi*, Knochen, magerer Mensch, *šipfi*, kleines, auf einer Seite halbmondförmig abgerundetes, aus Tannenholz gespaltenes Brettchen, womit in neuerer Zeit die Häuser zum Zwecke des Schutzes vor Wind und Wetter bedeckt werden, *titši*, dickes, abgesägtes Stück Holz, z. B. von Laden, *bipi*, Brustwarze, *käki*, Fliege der Früchte.

3. Hiezu kommt eine Reihe von Wörtern, bei welchen dem Diminutivum das ursprüngliche Wort gegenübersteht:

ēri, kleines Ohr, *mūsənēri*, Mäuseohr, *eigi*, kleines Auge, kleine Blumenkrone, *näsi*, kleine Nase, *häri*, kurzes, dünnes Haar, *häsi*, kleiner Hase, *ər išt nimma əs hīrhäsi*, er ist nicht mehr jung, *hīsi*, kleines Haus, *mīli*, kleiner Mund, *Gowwi*, lokaler Eigenname neben *Goww*, *Gummi*, lokaler Eigenname neben *Gumm*, *bätsi* zu *batsän*, Abfall von Äpfeln und Birnen zur Bereitung des *bätsiwassär* gebraucht, *gätsi* zu gatsän (it. cazza) Schöpfkelle, *pulki* zu *pulkän*, *biəbi* zu *buəb*, *giəgi* zu *guəg*, Käfer, *bäntsi* zu *bänts*, Schaf.

4. Die Zahl der auslautenden *i* wird hauptsächlich noch vermehrt durch die Nom. ag. und die Taufnamen, deren *i*-Ausgang in eine sehr frühe Zeit hinaufreicht (vgl. § 110) und wahrscheinlich auf altes —î(n) zurückgeht, mehrere sind offenbare Neubildungen:

Nomina agentis:

suəki, ein langsamer Mensch, zu *suəkän*, langsam arbeiten, *tranəli*, *sanəli*, *prāsi*, ein lästig Bittender, *muəli*, Schreihals, *geini*, ein Gähnender, *mūki*, Duckmäuser, *poli*, Polterer. Nicht Nomina agentis sind die Masculina: *χnuti*, kleiner, dicker Mensch, *muti*, dass., *kali*, eine ungeschlachte Person. Sodann sind einige Neutra hier aufzuführen: *šnāki*, nicht rankende Bohne, zu *šnākün*, kriechen, *pfurri*, Kreisel, bestehend aus einem hörnernen Knopf, durch dessen mittleres Loch ein hölzerner Stift gesteckt wird, eine kleine, lebhafte Person, zu *pfurrün*, sich rasch herumdrehen, *lịti*, Läutwerk, Glockenzug, *kuki*, Auge, zu *kukün* (mhd. gucken), *tụ̄ti*, podex zu *tụ̄tün*, blasen, *plampi*, ein hängender Gegenstand, speziell ein mit den 4 Enden an einem Baumast befestigtes Tuch, worin kleine Kinder zur Zeit der Feldarbeit bisweilen versorgt werden.

Selten begegnen neutrale Nomina act. mit *i*-Ausgang: *heifāri*, letzte Fahrt beim Schlittenfahren vor dem Nachhausegehen.

Taufnamen:

Jāki, Jakob, *Pētši*, *Piərri* (zu dem fr. Pierre) Peter, *Heini*, Heinrich, *Ruedi*, Rudolf, *χapi*, Kaspar, *Iəlli*, Ulrich, *Meəkχi*, Melchior, *Lịsi*, *Elsi*, Elisabeth, *Grēti*, Margaretha, *Änni*, Anna, *Tsịsi*, Susanna, *Lēni*, Magdalena, *Tsīji*, Luzia, *Bābi*, Barbara.

d) Ahd. atto ergibt lautgesetzlich das mundartliche *at*, daneben existirt *ätti*, das unter dem Einfluss der î-Formen, wie *Ruodi(n)* entstanden gedacht werden mag, ebenso *äni* (ahd. ano) Ahne, *geti*, das gleiche gilt von sämtlichen Nom. ag. des Ahd. auf—*o*. Ebenfalls nicht lautgesetzlich ist das —*i* in *χlegti* (chlegide). Über *ōni* (vgl. § 70).

§ 123. Was die inlautenden ahd. Endsilbenvokale anbelangt, so ist Folgendes zu bemerken:

a) Ahd. â— hat sich erhalten in adverbialen Ausdrücken. Man beobachte den Bedeutungswandel. *hinna* (ahd. hinnân) hinten, *unna* (ahd. unnân) unten, *ụssna*, ausserhalb, *dänna*, von dannen, *obna*, oben.

Schwächung findet sich in *houssät* < * hanfsât, ferner in *šwinnät*, Schwingfest, *Heuwät*, Heuet, *ămdät* etc., wo ât- und ôt-Suffixe zu Grunde liegen können (vgl. Weinhold, Mhd. G. § 265), ebenso in den weiblichen Bildungen *miššlətän* (ahd. miscelâta), *jätətän*, Rauferei, *tsankətän*, Zänkerei etc.

b) Ahd. a— ist erhalten in Zusammensetzungen wie: *apha* < aphar, herunter, *anha* < anhar, heran, *tsuəha* < zuohar, ferner in *hina* < hînaht. Geschwächt ist es in *epis*, etwas, *lidig*, (ahd. lëdag, lidag), *sundig*, Sonntag, *mändig*, Montag, *wärχtig*, Werktag, aber *läbətag*, Lebtag, *ụstagän*, Frühling, gegenüber *ụstig* des Emmentales und anderer Gegenden.

c) Ahd. î— setzt sich fort als *i*

1. in den Adjektiven: *sịdis* < sîdînez, *tannis* < tannînez, *χreftig* (ahd. chraftîg).

2. in den Diminutiven auf —lîn (li), * —tî:
   χindəlli, *buəbəlli*, *seilti*, kleines Seil, *biəlti*, kleines Beil.

3. in den Substantiven auf în (î): *mili* (ahd. mulîn) Mühle, *sägi* < ahd. * sagî(n), Sägemühle. Ob wir für dieses Wort sowie für die folgenden: *štampfi*, Stampfmühle, *ēli*, Ölmühle, *rịbi*, Hanfmühle, Formen mit ahd. î oder în anzusetzen haben, steht dahin.

Anmerkung. Altes î— hat Schwächung zu ə erlitten in *dər disət*, < dar disît, diesseit, ebenso in dem enklitisch verwendeten *sən* (mhd. sîn) dessen.

d) Ahd. i— lebt fort

1. in den Subst. auf altes in: *lugi* (ahd. lugin, *burdi* (ahd. burdin), *biti* (ahd. butin), und in den movirten Substantiven: *wirti* etc.
2. in Kompositis wie:
   aphi < abhin, hinunter, *uəhi* < * uohin, *anhi*, *fürhi*, *tsuəhi*, *nähi*.
3. in Superlativen: *obrišt*, oberste, *undrišt*, *hindrišt*, hinterste und jeder, *mitlišt*, aber *ēršt*, *tịrst* etc. wie schon im Mhd.

e) Ahd. i(a)— ist geschwunden in:

tswentsg (mhd. zweinzig), *trịssg* (mhd. drîʒic) etc., *hunn* (mhd. honic, ahd. honag), *χinn* (mhd. künec), *Tsirχ*, Zürich, *märt* (mhd. mërket), *uuwirš* < unwirdisch, *menn*, (ahd. manag). Einige dieser Wörter kommen in mehreren Schweizer Dialekten mit erhaltenem Endsilbenvokal vor, so bietet Wattenwyl die Form *märit*, Baselstadt *drịssig*, *Tsịri*. Nicht eingetreten ist die Synkope im Gegensatz zu vielen Schweizer Mundarten bei *endlif* (mhd. einlif) elf. Hier sei auch auf die Form *wenn* (ahd. wênag), die in östlichen Mundarten da und dort vorkommt, aufmerksam gemacht.

f) ê + r der Endsilbenvokale ist zu a geworden in: *en guəta* < ein guotêr, *nịmma* < nimmêr, nicht mehr, *niəna* < nienêr, nirgends. Die ê — und ô — der ahd. ên- und ôn-Verben weisen, wie Winteler zuerst gezeigt hat (K. M. 155), in den modernen Dialekten noch deutlich ihre Spuren auf: *χuəläd* 3. Sg. Prs. Ind. und Part. Prät. < ahd. chuolêt oder chuolôt, *χiəld* 3. Sg. < chuolit zu * chuoljan. Die alten Verhältnisse sind jedoch durch Analogiewirkung getrübt worden, so hat namentlich die 3. Person Sg. im Präs. Ind. der ên- und ôn-Verben vielfach ihren Endsilbenvokal eingebüsst, während die 1. Person ihn durchweg aufweist und auch die Klasse der jan-Verben und die der starken beeinflusst hat: *i sägän* (dico), *mäχχän*, *salbän*, *tsellän*, *gibän*. Hiemit sind die Formen von Magden (Fricktal) zu vergleichen: *i säg*, *maχχ*, *salb*, *tsell*, *gịb*. Auch in der zweiten Person ist der Vokal widerstandsfähiger gewesen als in der 3. Am meisten hat stammschliessende dentale Explosiva dem Vokale Schutz gewährt.

§ 124. Da die Mundart dem Ende der Wörter einen starken Nebenton reservirt, so sind die schweren Ableitungssilben, sowie der 2. Teil von Kompositis der alten Sprache intakt geblieben: *štarχloχt*, *grösslοχt*, *ksundheit*, *wärheit*, *gwanheit*, *wolfeil*, *näχpūr*, *ärbeit*, aber *ārbətän*: *in ārbətərə gān*, etwas vor haben, *förtäl*, Pl. *fērtäl*, Vorteil, *sefül*, so viel, *hampfəllän* Pl. *hampfelli*, Handvoll, *khämpfəllig*, runder Stein, so gross, dass er eine Hand füllen kann. In Übereinstimmung mit dem Nhd. weist die Mundart reduzirten Vokal auf in der Ableitung *bar*: *šampar* < schandbære, *χoštbar*. Einer bemerkenswerten Doppelform begegnen wir in: *juŋkfrowv*, *jumpfrän*, *jimpfərli*, *juŋkfrowv* hat die Bedeutung von Magd, *jumpfrän*, *jimpfərli* von nhd. Fräulein.

§ 125. Das Suffix unge, ung ist zu *ig* geworden: *meinig* < meinung, *wịsi* (mhd. wîsunge) das erste Läuten der Kirchenglocke, *əs hed wịsi klịtät* < *əs hed wịsig klịtät*. Das Suffix *nuss* ist unter dem Einfluss der Schriftsprache durch *niss* ersetzt worden, noch vor einigen Jahren konnte man bei alten Leuten *giddäχtnuss*, *tsịgnuss* etc. hören.

Die Endungen der Ortsnamen auf —ingen erscheinen als *igän*: *Ebligän*, *Benigän*. *Türligän*, nicht so *Meiriŋŋän*, urk, Meieringen (1272), Meyringen (1296), Meieringen (1309), bei dem starker Nebenton der

Endsilbe die alte Form geschützt hat, ebenso ist *Amsoldiəəän* zu beurteilen.

§ 126. Altes ahi erscheint als *i* in:

Dorni (< dornahhi), *Ašpi*, *Hanërli*, lokale Eigennamen. Auffällig ist das weibliche Geschlecht von *Wịdi*, ebenfalls lokaler Eigenname.

§ 127. Das Suffix —âri setzt sich fort als *är*: *šnịdär*, das entsprechende weibliche arja, welches im Mhd. nicht vorkommt, als *ərrän*: *šnịderrän*, Schneiderin, *hiətlərrän*, Hutmacherin. Die Kollektivnamen: *hārdərrän*, Ort, wo nackter, aufgewühlter Erdboden zu Tage tritt, *flaχsnərrän*, grosses Flachsfeld, *umlərrän*, Hummelnest, *wäšpərrän*, Wespennest, *näštərrän*, Nachtlager der Älpler, *mištərrän*, Misthaufe, weisen auf älteres suffixales —arja zurück, ebenso die lokalen Eigennamen *Ramsərrän*, *Ursərrän*.

Anmerkung. Seltsam sind *koukəlāri* (mhd. goukelære) Spassmacher, und das Neutrum *diəəəlāri*, sonderbare Sache.

§ 128. Das Suffix —unt begegnet als *ig* in *tụsig* (vgl. § 25).

In dem Ausdruck *trịštlän*, einen hölzernen Kloben bei dem Spiele *tsibrịšlān*, 3 mal treffen, dürfte das alte stunt (mal) stecken.

§ 129. Ahd. —ingûn erscheint als *igän*: *rikligän* (ahd. hruckilingûn), *χnewwligän*, auf den Knieen, *bụχligän*, auf dem Bauche.

§ 130. Die alten Mittelsilbenvokale, die im Mhd. zu e reduzirt wurden, sind geschwunden, wofern sie nicht eine Stütze an einem geschärften Konsonant der Endsilbe hatten.

1. Der Mittelsilbenvokal ist geblieben in: *χuχχi* (ahd. chuhhinna), *χeti* (ahd. chetinna), *χešti* (ahd. chestinna), ferner in: *ịššəllän* < * isilja, Eiszapfen, *örəllän* < * orilja, Ohrwurm, *wentəllän* < * wentilja, Wanze,

järəllän, Jahresring, *fiššəllän*, länglich viereckiges Gefäss, in welchem der Milchzieger seine Form erhält (< mlt. fiscella), *gritəllän*, Gabelung.

2. Geschwunden ist er in:

bätlän (mhd. beteln), *miššlän* (mhd. mischeln), *eiglän* (mhd. öugeln), *rumplän* (mhd. rumpeln), *tsablän* (mhd. zabeln), *tswirblän* (zwirbeln), *bibmän* (mhd. bibenen), *šloträn* (mhd. slotern), *windlän* (ahd. wintila), *siχχlän* (ahd. sihhila), *šisslän* (ahd. scuʒʒila), *šindlän* (ahd. scintila mlt., scindula), *eiχlän* (ahd. eihhila), *butlän* (< * butila) Hagebutte, *ịbšän* (ahd. îbisca), *wela* (ahd. welîhher), *χlegti*, *geti*.

3. Hin und wieder gehen Formen mit synkopirtem und erhaltenem Vokal mit leicht differenzirter Bedeutung neben einander her. Einige mit geschärftem Konsonanten mögen Neubildungen sein, andere weisen auf altes —iljan zurück.

χärχlän, *χärχəllän*, röcheln, *hiəštlän*, *hiəštəllän*, husten, *irwäχχlän*, *irwäχχəllän*, erwachen, *šmikχlän*, *šmikχəllän* (zu mhd. smucken) bei jemand schlafen. Gewöhnlich schliesst die Form mit geschärftem Konsonant den Sinn des Zärtlichen, Traulichen in sich, unter der Bedingung jedoch, dass ein Wort mit einfacher Konsonanz daneben steht. Dies ist nicht der Fall in: *fiššəllän*, nach Fischen riechen, *riməllän*, donnern.

Wie beim Verbum finden wir auch beim Nomen Formen mit und ohne Zwischenvokal:

fiššli, *fiššəlli*, *tuəχli*, *tuəχəlli*, *χindli*, *χindəlli*, *mandli*, *mandəlli*, *mändəlli*, Männchen, *hundli*, *hundəlli*, *ārmli*, Arm!, *ārməlli*, *beindli*, *beindəlli*.

Mit Ausnahme von *ārmli* ist *—li* überall verkleinernd, *—əlli* liebkosend. Eine grössere Zahl von Fällen, wo *—li* nicht diminutive Bedeutung hat, begegnet in den Walliser Mundarten.

§ 131. Bemerkenswert ist das Kompositum *grabiloχ*, Grab, dessen i schwerlich auf eine erstarrte Genitivform *Grabin — loχ* hindeutet. Wahrscheinlicher jedoch ist die Annahme, dass aus der Form *grabenloχ* durch Assimilation *grabelloχ* entstand, das dann den gleichen Entwicklungsgang wie *Engelland* > *Eŋəiland*, *hudellump* > hudilump einschlug.

§ 132. Über Svarabhaktierscheinungen zwischen r und n: *χörän* (mhd. korn), *fārän* (mhd. vërn) etc. vgl. § 6. Bei *ärig*, das in der Redensart *ts ärig sịn*, zu schlau sein, Verwendung findet, darf nicht wohl an Svarabhakti, d. h. an eine Entwicklung aus arg gedacht werden, und eine Anknüpfung an artig erregt ebenfalls Bedenken, da dieses Wort mundartlich als *ärtig* sich fortsetzt und den Sinn von sonderbar hat. Für nhd. artig wird rein mundartlich *loub* verwendet.

Nachträge und Berichtigungen.

Seite 8 lies *Tṳn*, S. 32 1. Zeile *hṳss*, 3. Zeile Klage, S. 39 von oben 3. Zeile fällt 123 a weg, S. 44 von oben 4. Zeile lies § 125. Epithesis liegt ferner vor in: *parisold* < parasol, *tsind* < ze sinne, *tsind χon*, in den Sinn kommen. In *mags*, Mohn, ist das s aus dem Kompositum *magssämmän* < mâgesâme, herüber genommen, *dikχišt*, *meəəišt*, *mörndrišt* (< morndes), was zugleich ein Fall von Epenthesis ist. Einschub eines d findet sich nebst den angeführten Beispielen in *ändär* < * ënero, * ënera (vgl. Braune a. a. O. S. 204). S. 44 von unten 3. Zeile lies langesloht. S. 45. Nur bei Rufen der Fuhrleute an die Pferde steigert sich die Lippentätigkeit der Art, dass gerundete Vokale gehört werden (vgl. Kauffmann a. a. O. S. 7): *hȫ*, halt, *hṳ*. *hṳp*, vorwärts, *hṳšta*, links. Diese Formen nehmen auch insofern eine exceptionelle Stellung ein, als sie abgesehen von den Triphthongen und dem Worte *kχwịtäntsli*, dessen *ị* ganz unter dem Einfluss des französischen kolloquialen quittance steht, die einzigen Beispiele sind, wo kurzer geschlossener Vokal vorkommt.

S. 56, § 71, *magsämmän* < mâgesâme.

S. 60, 2. *drī*. S. 75, b. Den Formen *siəχ*, *riəmmän* ist *šiəbän* (nhd. schieben) davongehen, anzureihen.

S. 78. *χloussi* ist nicht wohl von mhd. klôȥ zu trennen, zumal die Schärfung, wollte man von jener auf Seite 78 angegebenen Form ausgehen, im Hinblick auf *flousän* (mhd. vlans) und *Housi*, Hans, auffallend wäre.

S. 81, § 104. In *leəə*, lang, haben wir Beeinflussung des Pos. durch den Komp. oder des Mask. durch das Neutr. Pl. (Fem. Sg.).

§ 83, § 107. Das Simplex *tiən* hat einzig den Umlaut, es fehlt den Zusammensetzungen: *tsuətuən*, *ṳftuən* etc.

S. 92. Mhd. ze kommt auch als *tsi* vor in der Redensart *wā tsi gägän (kägän)* wo?

S. 92. Die alten Vorsetzpartikeln ent + be— ergeben *əp: əpχon* (< * entbekomen) begegnen.

S. 95. Neben *χrīdiwịss* kommt auch *χrīdəwwịss* vor.

S. 96. Auf älteres biblie führt *bibli*, Bibel, zurück, während *bibu* des Berner Mittellandes auf bibel beruht.